历史的智慧

国家人文历史
NATIONAL HUMANITY HISTORY

诸侯争霸

统一大帝国的前奏

《国家人文历史》编著

中央党校出版集团 大有书局

目录

001 春秋争霸

173 大秦一统

春秋争霸

惨遭桃花劫：野蛮生长的楚国争霸之路是如何被战略性毁灭的？

不管是春秋五霸（齐桓公、晋文公、楚庄王、秦穆公、宋襄公），还是战国七雄（齐国、楚国、燕国、韩国、赵国、魏国、秦国），虽然逐步瓦解了周王朝的权力的堡垒，但从根上来算，他们基本上都是由周王朝分封的。有些分封得早、地位很高，如姜姓齐国、晋国、宋国、燕国；有些是半路崛起但也经过了周王朝认证，如秦国、田氏齐国、韩国、赵国、魏国。唯一的例外就是楚国。因为楚国从头到尾没被周王朝分封过，所以楚国造反的底气最足。

“楚”这个部族历史悠久，传说是祝融后代。比较可信的历史，是从季连开始的。根据清华简《楚居》记载，季连原本生活在现在的新郑、密县一带，后来娶到盘庚的女儿，繁衍了后代。传到了穴熊（文献中的“鬻熊”）这一代时，穴熊的夫人生熊丽时难产，破开其腹部才将熊丽取出，楚人以荆条缠绕、包裹穴熊夫人的尸体将其埋掉。荆条又称“楚”，为了纪念这位英勇的母亲，楚人正式以“楚”作为族名，楚君也从此开始以“熊”为氏。从季连开始，楚人不断南迁，从中原的核心地区逐渐迁到江汉流域，成为南方人。

艰难的创业之路

春秋以前的楚国历史，就是一部血泪史。总结起来就是环境差、待遇低、老挨打。什么叫“环境差”？在农业社会，地势平坦、雨量适中则利于耕种，这就叫环境好。周代东、西两片王畿分别在关中平原和伊洛平原，都是千里沃野；大多数被分封的诸侯，也都处在中原平原地带。

可楚国呢？一路走到长江流域，那时候是真正意义上的蛮荒之地。“云梦泽”听起来很美好，其实，“云”说明这里水气、湿气极重，常常云雾缭绕；“梦”在当时可没有“范特西”的意思，“楚谓草泽曰梦”，就是草木丛生的湿地。这种地方疾病丛生，不适宜人口繁衍；草泽湿地有多不适合农业生产，更是不必多说。走出巨大的云梦泽，又来到连绵不绝的山地丘陵区，这里丛林密布，想开荒种点粮食，就要费很大力气。相较于那些被周王室分封到富庶中原的诸侯，楚国这待遇可以算是差到家了。

论说，楚国也给周王朝卖过命、流过血，周原甲骨中出现了“楚子来告”，这片甲骨推测应该是在周文王时期，记载的是文献中“鬻熊子事文王”的事情。也就是说，在周工朝取代商王朝之前，楚国国君就是拜过码头的。而且，据楚灵王说，在西周初年，楚国国君熊绎和齐太公的儿子吕汲、卫康叔的儿子王孙牟、唐叔虞的儿子燮父、周公的儿子伯禽一起作为周康王股肱之臣，另外几家都分到了很好的地盘，享受了很高的待遇，只有楚国什么都没捞到。这说法当然有楚灵王的夸张，但熊绎曾经服务过周康王，大概不会是瞎编的。不管怎么说，楚国早期几代效忠周王朝，没有功劳也有苦劳，可不知怎么回事，周王朝不仅没有好好封赏楚国，到了周康王的儿子周昭王时期，反而两次大举攻打楚国。

周昭王伐楚的事情，一直扑朔迷离。最可靠的材料是北宋出土的“安州六器”，不过，学者对这几篇铭文的解读争议也不小。总的来说，周昭王第一次伐楚胜利了，第二次伐楚发生了“南征不复”的悲剧。至于他是怎么死的，一直众说纷纭，不过种种迹象都指向楚人。

面对恶劣的形势，楚国人的应对则是坚决不服。

老挨打，就打回去，不仅打回去了，还把周昭王打死了，虽然楚国人一直不背这口大锅，但是“懂的都懂”。

环境差，就改变环境。楚国人形容他们的先祖若敖和蚡冒是“筚路蓝缕，以启山林”，就是驾着破车、穿着破衣，带领大家整治山林、促进生产。

待遇低，就自己提升。在周夷王时，楚国国君熊渠就干了一件侮辱性极强的事情，他把自己的三个儿子都封了王，“长子康为句亶王，中子红为鄂王，少子执疵为越章王”。周王是王，熊渠的儿子都是王，这么打脸，肯定是会引起点儿后果的。

果然，到了周夷王的儿子周厉王即位，形势大为不妙。周厉王是个心狠手辣且行事果决的人物，当时楚国北边邻居是十分强大的鄂国，鄂国国君虽然没有熊渠那么愣，不过也不怎么把周王当回事，结果周厉王直接派兵灭了鄂国，而且命令军队“勿遗寿幼”，直接斩尽杀绝。熊渠发现这位周王比自己还暴虐，就悄悄地取消了儿子们的王号。

成功的“蛙跳战术”

像春秋早期崛起的所有大国一样，楚国的崛起也离不开两周更迭之际带来的机遇，这一时期，带领楚国开始走向强大的国君，是大名鼎鼎的楚武王。自楚武王之后，楚国就一直称王到其灭亡。楚武王在位51年，当时楚国的力量已经开始超过周边的国家，但还未形成压倒性优势。楚武王主要的扩张方向有两个：一个是周边列国，主要是这一带最强大的随国；另一个是周边蛮夷。此时的楚人有时也自称“蛮夷”，中原列国也时不时称楚国为“蛮夷”，但蛮夷里面也是分三六九等的，在楚国周边，还有大量更加蛮夷的蛮夷。楚武王勤勤恳恳干了几十年，最后死在征途中，虽有一定成效，但在周边扩展的战略速度上还是慢了些，毕竟一个近在咫尺的随国打了好几次还没搞定。

楚武王的儿子楚文王是壮年即位，有很成熟的政治智慧。他即位后继承了他父亲的勤勉，但改变了扩张的战略。他创造性地发明了“蛙跳”式的扩张方式，即留下楚国腹地周边的若干小国先不管，抓住时机，直接向北跳进数百里，抢占北进中原的战略要地。楚文王借此战略，灭掉了南阳盆地的申国和淮河流域的息国，设立了申县和息县。申国被灭的经过史书中没有记载，息国被灭则是因为一桩情感纠纷。

当时，息侯从陈国娶了一位夫人，后来就称为息夫人。息夫人的妹妹嫁到了蔡国，蔡国又处在陈国和息国之间，所以息夫人在前往息国的途中就在蔡国歇脚。蔡侯见到他的这位小姨子十分貌美，就起了不轨的念头，抢在息侯前面“妻之”。等息夫人到了息国，息侯知情后大为恼火。情急之下，他想出了一个计策：让楚国打自己，自己向连襟蔡侯求援，楚国可以以此为借口好好地收拾蔡国，替自己出气。楚文王正愁没机会“蛙跳”，一下子来了息国、蔡国两盘硬菜，于是爽快答应。这一战不仅把蔡国打得服服帖帖，还俘虏了蔡侯。蔡侯吃了这个天大的闷亏，心里也憋着坏，于是，报告楚文王：息侯的老婆十分漂亮，不见一见简直虚度此生。楚文王强令息侯让他老婆出来相见，一见果然美貌，于是第二年就灭了息国，纳了息夫人。这当然不仅仅是几个贵族抢女人的故事，即使没有息夫人，楚文王也一定会以其他借口北进灭掉息国，这是他的战略，息夫人只是一个漂亮的借口而已。

申、息两国虽然兵力不如楚国，但人口众多、十分富庶，成为楚国的县之后，起到了多重积极效果。第一，快速将楚国的疆域向北扩展数百里。第二，依托申、息建立起方城防御体系，隔绝了江汉淮水列国与中原列国的联系，让这些小国成为楚国盘中之餐，可以从容地将之吞并，省去了许多灭国所需的时间和兵力。第三，以申、息重兵为依托的方城防线可以有效地阻止北方诸侯侵伐楚国。第四，申、息两县能够供养的兵力已经相当于一个大国，楚国北进中原不必再从长江附近的郢都出兵，而是直接用申、息之兵，大大缩短了行军和供给的距离。后来在晋楚争霸时，晋国将领曾感慨自己是以晋国之军与申、息二县对决，可见，楚文王蛙跳式攻占申、息对楚国后来的发展起到了多大的积极影响。

楚文王在位仅15年，但他给楚国留下的是一片大好的前途。楚文王和息夫人所生的楚成王在一代贤相子文的辅佐下将楚国的国力推向第一个高峰。然后，楚成王就遇到了命中注定的那个对手——晋文公。城濮之战虽然楚国战败，但楚国的国力没有大损，其接着积蓄力量，等待下一次机会。

问鼎中原时的一抹桃色

历史没有让楚国人等太久，楚成王的孙子楚庄王就是那个把楚国霸业推向顶峰的人。楚庄王即位时楚国的内部形势并不好，大贵族若敖氏把持了令尹之位几十年，已经威胁到楚王的地位。楚庄王刚即位时，甚至还被挟持过。内部不安定，争霸就是无稽之谈。所以楚庄王即位后干的第一件大事就是放手一搏，灭掉若敖氏。若敖氏被铲除后，楚庄王才得以放开手脚实现自己的计划。后世的历史故事中写楚庄王“三年不鸣，一鸣惊人”，很可能就是楚庄王前期受若敖氏压制、灭若敖之后才能放手治国的一种文学化表述。

在灭若敖氏之前，楚庄王已经显露出十分明确的争霸意图。楚庄王曾借口追击陆浑戎，带着军队从楚国一路跑到洛邑附近，还大摇大摆地在周王眼皮底下举行阅兵式。这是什么？这是打脸啊。周昭王虽然死了许多年，但大家都知道多半是死在楚人手里。现在害死先王的楚人又跑到成周的地盘上耀武扬威，这个时候该做的是“大复仇”，最差也要派人骂楚庄王一顿。不过，周王在云谲波诡的政局动荡中深刻地认识到“苟得住，活得久”的道理，十分礼貌地派人去慰劳楚庄王。楚庄王直接问“鼎之大小轻重”，赤裸裸地表达自己对天下最高权力的欲望。好在来劳师的聪明绝顶的王孙满，用一番“在德不在鼎”的外交辞令打发了楚庄王，这才让周王室免于一次羞辱。

在楚庄王加强权力时，晋国的内部却已显现分权的迹象。此时晋国的大权臣赵盾已经去世，继任的是资格很老但威望一般、手段软弱的荀林父，这也是晋国几大政治势力妥协的结果。荀林父无法像赵盾那样聚合晋国全部的力量。这一增一减，楚国与晋国之间的力量对比已经悄然发生变化。天下格局的剧变，只差“蝴蝶扇一扇翅膀”。

这次改变天下格局的连锁反应，起点在陈国。陈国的位置比较靠南，一向是楚国的势力范围，也就是说，陈国出了事，楚国是可以管的。陈国这次出的事比较大，简单地说，是三个男人和一个女人以及另一个男人的故事。三个男人，分别是陈国国君陈灵公和陈国两位大夫孔宁、仪行父，他们三个都与夏姬有不正当的关系，而且经常一起耍。另一个男人，就是夏姬的儿子夏征舒。夏征舒受不了这种羞辱，射杀了陈灵公，自己当了陈国国君。不管出于什么理由，这种弑君篡位的行为都是楚国绝好的借口。于是，楚庄王毫不犹豫地进军陈国，把夏征舒干掉了——这标志着楚国开始正式争霸中原。

楚国一步步扩张，在楚国攻打宋国时，晋国终于亲自下场了。晋楚爆发了邲之战，楚国从上到下斗志昂扬、士气丰沛，晋国几位统帅意见不一、各自为战，邲之战以晋国惨败告终。晋国的士卒败退到黄河边，因为船只不足，很多没能上船的士卒扒着船边不放，船上的人就抽出刀剑砍断他们的手指，以致“舟中之指可掬也”。

霸业巅峰埋下的隐患

楚庄王赢得很漂亮，他的霸业也很伟大，但他小看了一个人，就是那位曾经被他作为伐陈借口的夏姬。正是因为夏姬，又造成了一系列连锁反应，导致楚国在春秋后期的衰落。但这一切，并不能怪罪夏姬。

楚庄王伐陈之战时，俘获夏姬，楚国贵族申公巫臣就看上了夏姬。可是，夏姬被赐给了连尹襄老，连尹襄老战死后，他的儿子又霸占了夏姬。申公巫臣为了能与夏姬厮守，就制订了一个复杂的计划：先派人从郑国传递出消息，只要夏姬来郑国，就可以迎回连尹襄老的尸体；夏姬以此为借口请求楚王同意自己到郑国；楚王询问“局外人”申公巫臣对此事的看法，申公巫臣保证此事绝对靠谱，于是，楚王同意了夏姬的请求；夏姬临行前发誓，迎不回亡夫的尸体就不回来了，然后一去不返；申公巫臣秘密地在郑国迎娶了夏姬，然后返回楚国继续做官；再借着一次出使齐国的机会，申公巫臣带着自己家族的核心成员一起离开了楚国，与夏姬会合后一起投奔晋国。

如果到此为止，也只是个普通的桃色纠纷和官员外逃事件，这在春秋历史上毫不罕见。可是，楚国的司马子反也是夏姬的忠实追求者之一，不料被申公巫臣捷足先登，很是恼火，于是伙同一样对申公巫臣不爽的令尹子重一起杀掉了巫臣还留在楚国的所有家族成员，并分掉了他们的家产。这彻底激怒了本想踏踏实实过小日子的巫臣，他为报复子反、子重，替晋国制定并实施了“联吴制楚”的战略。

当时天下有四个大国，除了100多年拉锯争霸的晋国、楚国，还有东方的齐国和西方的秦国。齐国距离晋、楚都很远，难以牵制任何一方；而秦国是晋国的邻国，自从秦、晋交恶，楚国就想方设法联系秦国，想跟秦国一起夹击晋国。但秦国被晋国死死地封在崤关之内，加之秦国很长时间里扩张的重心在西戎而不在中原，所以楚国“联秦制晋”的战略一直没有取得大的成效。可当时晋国手里，连一张牌都没有。楚国周边的国家，要么被包围在方城之内，直接失联；要么被楚国牢牢地控制，说一不二。想搞制衡，完全无从着手。

申公巫臣世代生活在楚国，他敏锐地察觉到东南方的吴国是个“潜力股”，可以成为制衡楚国最强大的力量。于是，巫臣出使吴国，教吴国人使用战车，教唆吴国人背叛楚国，还把自己的儿子留在吴国作为晋、吴之间沟通的桥梁。申公巫臣的一系列做法很快收效，吴国的战斗力急剧上升，暴增的战斗力全部用于攻打楚国及其仆从国，吴国迅速成为楚国东南边界最大的威胁。从此开始，楚国实际上处于晋、吴两大国夹击的局面，这极大地消耗了楚国的国力。

从申公巫臣沟通吴国起算，短短80年后，曾经与晋国争霸百余年、灭国数十、疆域万里的楚国被吴国军队攻陷了郢都，楚王都差点被俘。申公巫臣的筹谋，最终达成了灭亡楚国的结果。虽然一年之后，楚国就得以复国，但从此元气大伤。历史的车轮也滚滚驶入战国时代，战国时代的楚国，褪去了“我蛮夷也”的底色，变成了充满了华彩文章的国度。

（文／公孙蛋）

尊王攘夷：齐桓公的时代

长久以来，民间对山东是简称为“齐”还是“鲁”都很有争议。这个争议不是现代才有，自古以来，齐、鲁均可作为山东的简称。齐国是周代最重要的诸侯国之一，鲁国是孔子的家乡，它们是山东半岛上最著名的两个古国。

在西周和春秋时期，两国大体以泰山为界，西南侧是鲁国，比较靠近中原；东北侧是齐国，比较靠近大海。战国时期，山东半岛基本上都归战国七雄里的齐国，鲁国只能偏居一隅苟延残喘了。如果不是孔子，鲁国在历史上的存在感是难以与齐国并列的。同样是“山东人”，同样身处列国林立的乱世，齐国、鲁国的差距怎么这么大呢？

“三分天注定，七分靠打拼”，这句话很适用于齐国的历史。当年，武王克商、周公东征，平定了天下局势，开始分封诸侯。周初分封诸侯可不像后世得天下后裂土封侯那样雅致，那样从容不迫、文质彬彬，那样温良恭俭让，周人以蕞尔小邦经略天下，像齐、鲁这些分封出去的重要诸侯都是深入虎穴干革命。

鲁国的周公、伯禽家族和齐国的吕尚（也就是姜子牙）家族，并不是去天高皇帝远的地方享清福，而是拿了独立经营许可证，然后到最险恶的地区实施“武装开拓”。山东半岛在商末周初是殷商族群势力和土著势力极强盛的地方，周初，东方大叛乱就起源于此，周公率军东征才将之平息，所以把自己的儿子伯禽和当时杰出的军事将领姜太公分封于此。当时的策略，就是把最杰出的人才放在最险恶的地区。东方是齐国、鲁国，北方是召公家族的燕国，南方是南宫括家族的曾国，殷商旧都朝歌是卫康叔家族的卫国，都是如此。这是周人经略天下的智慧，把天下最边缘、最不稳的地区安排上最得力的人，像几颗强有力的钉子钉住四角，内部的局势也就没有大问题了。从结果来看，除了北方的燕国因为实在太远、长期失联，其他几颗“钉子”都经营得很好。

正所谓机遇与风险共存，齐国、鲁国面临最大的危险，同时也有最好的发展前途。中原腹地的诸侯固然安全，但诸侯挤在有限的空间内，上面有周天子镇着，扩张和吞并都是不被允许的。周边的诸侯，面临着殷商旧势力、土著和戎狄，虽然危险，但可以合法扩张，打这些家伙不仅没有问题，而且还受到鼓励和支持。所以，周王朝还在制度上授予齐、鲁征伐之权。后来齐桓公打楚国，号称当年周王朝授权齐国“五侯九伯，汝实征之”，还赐给姜太公一双鞋，表示在“东至于海，西至于河，南至于穆陵，北至于无棣”的范围内想打哪儿就打哪儿。这个话肯定是夸张了，但齐国从姜太公时期开始就有一定范围内的征伐权应当是没问题的。

地处边远、敌人环伺，一味地强调斗争肯定不行，在斗争中也要讲团结。姜太公作为战略大师，自然精于此道，在齐国实行“因其俗，简其礼”的政策，也就是顺应齐国土著人群的礼俗，简化周礼的条款。隔壁鲁国的伯禽，到底还是年轻，或许也是背负着周公后嗣的包袱，虽然团结了殷商旧族，但对于土著人群，那是绝对看不上的，更不会在礼俗上迁就他们。所以鲁国采取了“变其俗，革其礼”的政策。传说当时在周王朝主政的周公听说齐、鲁政策的差异，就判断“鲁后世其北面事齐矣”。从此开始，齐国与鲁国之间开始拉开差距。

从地理条件上看，齐国有其独特优势。相对而言，鲁国距离中原更近，而齐国地近海滨，环境更为险恶；正因为齐国近海，所以有“鱼盐之利”。兴鱼盐之利不是由管仲发明的政策，而是齐国自姜太公时期就有的政策。整个周王朝都以农业为主要经济支柱，齐国因地利之便能够享受到渔业、盐业以及因此而起的工商业带来的利益，经济富足程度是遥遥领先的。一直到秦汉时期，齐地都以富庶闻名天下。

齐国的政治经济实力从列国中脱颖而出，所以问题来了，照这个发展势头，有钱、有权、有影响力的齐国大概不用等到春秋时期，就会在东方形成一个新的政治中心，周王朝的统治者自然也能看明白这一点，在周初创业阶段结束后，齐国一直受到周王朝的压制，甚至可以说处在相当憋屈的境地。最著名的一个例子，就是“周夷王烹齐哀公”。

齐国有一个邻国纪国，也是姜姓国。照理说，同为姜家人，又都在海边讨生活，就算不能同甘共苦，至少也要和平共处吧。

可齐哀公在位期间，纪国的国君跑到周夷王那里说齐哀公的坏话。具体说了什么也没有记载了，但后果非常严重。周夷王听信谗言大为恼火，虽然当时周王室已经走下坡路了，但发火上头的周夷王还是要雄起一回，直接把齐哀公扔到大鼎里给煮了，这就是史书中记载的“周烹哀公”。不要说在西周这个天下秩序比较稳定的时期，就是礼崩乐坏的春秋战国，直接把一代诸侯烹死的事情也是极为罕见的，更何况是齐侯这种位高权重的大国诸侯。由此可见，周王朝与齐国之间的关系紧张到何等程度，周王朝对齐国的不信任又到了何种程度。

前些年，在山东高青县陈庄村出土的《引簋》铭文是西周时期关于周、齐关系的重要史料。《引簋》铭文记载了周王对“引”这位官员的册命，有趣的是，周王并非任命“引”担任周王朝官员，而是任命“引”继承他父祖的职位，继续管理“齐师”，也就是齐国军队。《引簋》又正好出土于齐国的地界内，也就是说，西周时期齐国军队的统帅，并不是由齐侯任命的，而是由周王任命，空降到齐国，直接对周王负责。铭文中，周王让“引”继承其父祖的职位，说明周王直接任命“齐师”的统帅并非偶发情况，而是惯例。《引簋》中出现的这位周王，极有可能就是周夷王的父亲周懿王。

我们再回头看文献，文献中记载齐国执掌政权的上卿是“天子之二守”，即在齐国世代执政的两个世卿家族：国氏和高氏，他们的权位同样也不是由齐国国君授予的，而是由周天子直接授予的。

西周时期，齐国国君以下，执政的上卿由周天子任命，军队的统帅也由周天子任命，等于齐国的政权、军权很大程度上不在齐侯手中。这也能解释为什么在周王室权威已经衰落的周夷王时期，周王仍然能够轻而易举地以烹杀这种极其残酷的方式处死齐侯。

齐国作为当时稳定天下局势的政治力量，不能被彻底拔除；齐国因其地利而造就的富庶也非人力可控。那么压制齐国一飞冲天的办法，就只剩下在政治制度上管控齐侯的权力。齐国就在这种环境下熬过了西周的两百多年，虽然从实力上讲一直都是大国，但长期不被信任、饱受压制。时间到了西周末年，周幽王断送了西周王朝，原本处于最高权力位置的周王朝失去了掌控天下格局的能力，天下秩序分崩。

当最高权力缺失，在政治格局中次一级的权力就要向上递补，以填补权力真空。在夏、商、周三代的政治制度中，早已为这种情况预设了方案，就是“侯伯”制度。“侯”，就是诸侯；“伯”，就是“长”。所谓“侯伯”，就是诸侯之长。也就是说，在王朝权力孱弱的情况下，由强势的诸侯成为“侯伯”，代行王朝的功能，掌管天下秩序。传说在夏代的昆吾，商代的大彭、豕韦，都曾在王朝衰弱时成为“侯伯”。我们今天所说的“霸”，其实是“侯伯”之“伯”的通假字；所谓“霸主”，官方称谓就是“侯伯”。

两周之际，天下诸侯国中最具实力的有以下几个：晋国、卫国、鲁国、宋国、郑国、齐国。他们是这场争霸赛的首发选手，这几位选手，可以说各有优势。

晋国原本是最早接近霸主的诸侯，可晋国不仅没有成为周代第一个霸主，反而陷入了长久的内乱，可以说，成也晋文侯，败也晋文侯。在两周之际的变乱中，晋文侯是拥立周平王以及护送平王东迁的第一功臣，凭借这些政治资本和影响力，如果能好好发展，成为“侯伯”应当只是时间问题。

实际上，《尚书·文侯之命》中记载周平王对晋文侯的册命，已经颇有些册命侯伯的意味，只是没有明说。可惜，此时晋文侯已是晚年，留给他经略天下的时间很少了；而他的弟弟公子成师颇有野心，晋文侯无法解决他弟弟的问题。晋文侯死后，留下了乱世中进行到一半的努力，和一个野心、实力一起膨胀的弟弟。公子成师被分封到晋国的旧都曲沃，形成一个强大的国中之国，开启了长达数十年的晋国内乱，造成晋国元气大伤。直到曲沃代晋，公子成师的后代成为新的晋侯，此时齐桓公已经在位近十年了。晋国在争霸事业中，可以说是“起了个大早，赶了个晚集”。

卫国在两周之际最大的优势是其国君卫武公。卫武公是一代有德之君，在位55年，活了近100岁。卫武公在位期间，卫国的实力大增。但他死后，继位的卫庄公并不是个头脑很清醒的人物，还犯了过分宠爱小儿子的毛病，导致“州吁之乱”。在此之后，卫国内乱频发，致使卫国因内乱而衰。

鲁国最大的优势是其宗法地位。鲁国是周公之国，周公作为周初实际的无冕之王，地位极高，所以鲁国在祭祀时可以使用天子礼乐。如果说周王室不行，鲁国效法周公旧事、代行王朝政事，可以说是很顺畅的。但无奈鲁国的天时、地利、人和都差点意思，导致实力不济。在时机上，鲁国没有参与两周之际的纷争，只是静观其变，错失了乱中得利的最佳机遇期；在地理上，鲁国夹在齐国、宋国两个大国之间，北面、西面、南面都没有扩张的余地，只有东南方向可以扩张，还偏偏遇到邾国这个颇为强劲的对手。鲁国为了灭掉邾国，蹉跎了整个春秋时代。如果无法扩张吞并，就无法获得大量土地与人民，也就无法建立起庞大的军队。在人事上，虽然从西周灭亡到春秋早期鲁国几代国君并不算无能，但也都不是能够大破大立的雄主。

宋国的优势在于，其在诸侯中的等级最高。宋国作为殷商王室后裔，名义上不属于周王朝分封的诸侯，而是作为周王室的客人，因此直到春秋早期，在诸侯会盟中，宋国还是排在第一位。所谓风水轮流转，当年周朝取代商朝，现在周朝不行了，我们殷商能不能“回个锅”？道理说得通，但宋国的实力并没有什么优势。宋国当年分封的这个位置，就不是个能够长足发展的地方。西边是郑国，东北是鲁国，北边是曹国，南边是陈国、蔡国，往哪个方向都是很难扩张的。加上宋国国君经常搞高风亮节的让位，破坏了原本的君位继承秩序，好心办坏事，造成内乱。

对于郑国，天时、地利、人和都是“双刃剑”。郑国始封君郑桓公抓住西周灭亡前短暂的时机，率先经营东方，在西周灭亡的动乱中保存了郑国的力量；继任的郑武公更是拥立周平王的功臣之一，所以当时人说“周之东迁，晋、郑焉依”，郑武公抓住机遇，当上了周王朝的执政卿士。在地域上，郑国位于天下之中，商业发达、国家富庶。而且，郑国桓公、武公、庄公三代明君，让郑国在六七十年的时间里平稳发展；郑庄公的儿子们也非常出色，公子忽、公子突都很有能力，有力支持了郑庄公的“小霸”。可是，随着时间的流逝，郑国在两周之际变乱的机遇期中积累的政治资本不断被消耗，周王朝与郑国的关系越来越差；郑国处于中原的最核心地域，周边列国林立，根本没有战略扩展空间；郑庄公的儿子们都很能干，都能当国君而且都想当国君，这就造成了郑庄公死后郑国长达30年的内乱。

在天下纷争的形势下，少出错、善纠错的国家往往会走在最前面。相较于以上诸国，齐国从西周末年到春秋初年，都没有发生过重大动乱。两周之际天下纷乱，当时齐国在位的是齐庄公，他治下的齐国在东方安享太平岁月。齐国本身是富庶的拥有广阔土地和众多人口的大国，之前受到周王朝打压，而周王朝的崩溃恰好让齐国丢掉了枷锁。齐庄公对重新扶立周王室兴趣不大，安心于国内的发展。到其子齐僖公即位时，齐国已经是天下公认的大国。当时正处于鼎盛的郑国太子不愿意娶齐国公主为妻，理由是“齐大非偶”。可见，齐国的绝对实力在当时是郑国都难以企及的。

所以，春秋初年的“小霸”，有郑庄公和齐僖公两人。郑庄公的“小霸”，更多的是依靠其个人能力；齐僖公的个人能力并不突出，他的“小霸”更多是借助齐国强大的国力。齐僖公死后，其子齐襄公虽然作风荒唐，但在争霸事业上毫不含糊。他灭掉了当年害死其祖先齐哀公的纪国，实现了“大复仇”；果断地从肉体上消灭了已显示出争霸之相的鲁国国君鲁桓公。虽然他死于公孙无知发动的政变，但这次内乱并未给齐国造成根本性打击。公孙无知之乱后，大家熟悉的齐桓公和管仲登上了政治舞台，正式开启了春秋时期的霸主时代。

齐桓公这样的雄主和管仲这样的良相，固然对齐国称霸起到了重要作用，但他们做的，归根结底是把齐国本身已有的优势发挥出来。

“叁其国而伍其鄙”，是将齐国的土地优势和人口优势发挥出来。

“轻重鱼盐之利”，是将齐国固有的渔业盐业优势进一步扩大。

如果没有齐国从西周积累下来的一系列优势，即使有齐桓公和管仲，恐怕也难以将齐国送上霸主之位。郑庄公的能力胜于齐桓公，郑国祭仲等人也未必比管仲逊色，但郑国终究只停留在“小霸”阶段。齐国能够成为第一个称霸的诸侯，有其深刻的历史背景，而非仅系于一两个英雄人物的作为。

（文/公孙蚤）

田氏代齐究竟隐藏了怎样的故事

先秦时期的齐国与其他诸侯不同，《史记》中有两篇“世家”:《齐太公世家》与《田敬仲完世家》。这两篇世家代表了齐国的两个阶段，前一个阶段是由姜太公后代做齐国国君，现在一般称“姜齐”；后一个阶段是由田氏做齐国国君，现在一般称“田齐”。但这只是习惯性叫法，其实不大严谨，“姜”是姓，“田”是氏，二者是不对等的。

先秦时期，姓是很有限的，大概只有二三十个，如姬、姜、任、曹、妫、姞等；氏则非常多，而且不断产生，每一个姓下面有许多氏。到了战国、秦汉时期，姓与氏的区别淡化，统称为“姓”。但在战国以前，二者的区分是很明确的，绝不会混同。比如我们熟悉的“姜太公”，他是姜姓吕氏；而田氏代齐的“田氏”，是妫姓田氏。严谨地说，前半段的齐国应当称为“姜姓齐国”，后半段的齐国应当称为“田氏齐国”。

所谓“田氏”，其实是“陈氏”。齐桓公时期，陈国的公子完出奔到齐国，以自己的母亲之国为氏，称为“陈氏”。为什么“陈氏”又能称为“田氏”？在先秦的传世文献和齐地的出土文献中并没有“田氏”，只有“陈氏”。“陈”“田”两个字在上古时期读音比较接近，可能是在秦朝“书同文”时将两个字混同，造成秦汉典籍中齐地的“陈氏”都写成了“田氏”。

陈国的公子完为什么会出奔齐国？

这又是春秋时期典型的宠爱小儿子惹出的麻烦。公子完的父亲是陈厉公，他死后没有传位给儿子，而是传位给弟弟陈庄公。陈庄公死后继续传位给弟弟陈宣公。陈宣公在位时间很长，原本立了他的儿子御寇为太子，可后来又生了小儿子款，非常喜欢，想立款为太子，因此就杀掉了原本的太子御寇。公子完和太子御寇这对堂兄弟一向比较亲近，见到太子御寇被杀，公子完害怕殃及自己，就带着家人一起跑到了齐国。

齐桓公知道公子完很有才德，想任命他为卿，但公子完拒绝了。他很清楚，在能人辈出、世家林立的齐国，他这样一个出奔的公子如果骤然居于高位，必然招致怨恨和攻击。因此，齐桓公任命他为工正，主管齐国的工程建造。这个职位虽然只是大夫等级，但权力的含金量很高。

如果我们看《左传》，会发现里面有很多关于齐国陈氏的预言，似乎种种迹象表明，陈氏在齐国的兴起从公子完奔齐时就已注定。如《左传》记载，在公子完小时候，周王朝的史官来到陈国，给公子完算了一卦，算出他的后代一定会在姜姓国兴起，成为诸侯；还记载公子完的妻子在嫁给他之前占卜，算出“有妫之后，将育于姜。五世其昌，并于正卿。八世之后，莫之与京”，简直把陈氏家族此后两百年的发展轨迹安排得明明白白。

春秋晚期,《左传》中更是集中出现了大量对陈氏德行的记载，如陈氏借给民众粮食，用大斗出粮，而用小斗收粮，借此施惠于民。此时在位的齐景公和齐国大贤晏婴似乎都已经“认命”，坦然接受了齐国未来会属于陈氏。晏婴曾对晋国大夫叔向说：“我们的国君抛弃了民众，而民众都归于陈氏了。”齐景公也曾问晏婴：“我的宫殿这么漂亮，以后谁会拥有它呢？”晏婴的答案还是“陈氏”。

不过，这些颇具神异色彩的记载，多半是陈氏在齐国兴起后为了建构政权合法性而编造的，其中至少也有美化和夸张的成分，就像历代帝王出生时都有异象一样。编写《左传》的人为了讨好当时已经拥有齐国的陈氏，就把这些美化祖先的故事写到了《左传》里。《左传》的史料价值虽然很高，但面对这些记载时，我们还是要打一个问号。

实际上，从齐桓公到齐景公的约两百年时间里，陈氏虽是齐国比较重要的世族，但始终不算权臣。陈氏在齐国的崛起之路，是逐渐“打怪升级”、一步一个脚印走出来的。这一漫长的过程凝聚了几代陈氏族人的政治智慧，他们在云谲波诡的齐国政坛中走了上百年的钢丝，每一步都走得很稳，熬走了最强劲的对手，干掉了剩下的敌人，最终独自站在权力的巅峰。

在西周春秋时期，姜姓齐国的卿族中地位最高、执政时间最长的是国氏和高氏，他们是周王直接册命的执政上卿，从西周时期世代执掌齐国政权，被称为“天子之二守”。这两大家族在春秋时也没有失去地位，仍在断断续续地执政。即使在管仲执政期间，国氏、高氏的名义地位也在他之上。不过时代在变化，旧贵族的地位也受到挑战。春秋后期，齐国的一位狠人崔杼通过非常激烈的手段两度废立国君，成为齐国独掌朝纲的大权臣。尤其是他在自己家中杀死齐庄公，更是春秋时期最恶劣的弑君事件之一。

这时，齐国有名有号的政治家族都面临抉择，是依附崔杼还是采取不合作的态度。如果依附崔杼，会获得权力，但将背负骂名，选择这条路的是庆封；如果不与崔杼合作，处境会非常危险，如贾举、州绰、邴师、祝佗父、申蒯等诸多大夫以及齐太史氏，都被崔杼杀死了。

只有晏婴，因其威望和相对温和的态度被崔杼放过。当时陈氏的族长是陈须无，也就是后世所称的“陈文子”，他选择跑路。因反对崔杼的所作所为，也不愿意与崔杼合作，更不愿意死，所以他舍弃了自己在齐国的家业，出奔别国。这个时候，陈文子的家业只有“马十乘”，也就是四十匹马。对一般的大夫和士人而言，这不算少，但在高等级贵族中，这份家产不算多。当年晋国公子重耳逃亡到齐国，齐桓公大笔一挥就赏了他“马二十乘”。陈家在齐国经营了七八十年，才攒了四十匹马的家当，可见此时陈氏的权势和实力在齐国都不怎么排得上号。

逃离了崔杼掌控的齐国，陈文子的吹牛技能被充分释放。他到了别国，看到这个国家的政治也不怎么样，就会说“跟我们的大夫崔子是一个德行”，然后继续跑路。如果崔杼在齐国长期执政，陈文子大概只能四处流亡了。所幸崔杼弑君后不久，自己家里就出了内乱，庆封趁崔杼家乱发动政变，逼死了崔杼，庆氏成为齐国的执政家族。崔杼死后，陈文子也得以返回齐国。

不过，此时执政的庆封也是个凶横的人物，陈氏回到齐国，也不得不在庆氏的阴影下低头。陈文子的儿子陈无宇，也就是后世所称的“陈桓子”，很得庆封赏识，庆封打猎时都会带着他。

推翻庆氏，有点功劳

独掌齐国政权的庆氏非常霸道，对其他高级贵族很不尊重。当时的齐国，担任公职的贵族是有工作餐的，每天两只鸡。但管伙食的人偷偷把鸡换成了鸭子，公孙灶和公孙虿发现自己的鸡肉被换成了鸭肉，大为恼火。因为当时的贵族认为鸡肉是比较高级的，鸭肉是很低级的，给贵族吃鸭肉就是一种羞辱。公孙灶和公孙虿都是齐惠公的孙子，此时已经建立了自己的家族，分别是栾氏和高氏，被统称为“二惠”。他们觉得庆氏要羞辱自己，便谋划干掉庆氏。

最终，栾氏、高氏与鲍氏、陈氏四家联合推翻了庆氏。政变前，陈桓子正跟庆封打猎，为了逃出庆封的掌控，陈文子给陈桓子传消息，说：“你母亲病重，赶紧回来。”庆封起了一卦，算完之后跟陈桓子说：“你妈死了。”有了庆封亲自助攻，陈桓子凭借不辨真假的母丧成功逃出生天，临走时还毁坏了沿途的船只桥梁，以断绝庆封的归路。

陈氏作为只有“马十乘”的家族，在武装斗争中起不到太大的作用。于是，陈氏和鲍氏派出自己家中养马的人，给庆氏的士兵表演节目，以吸引其注意力，也算是给政变打了辅助。这次政变彻底铲除了庆氏，从此齐国开始了由栾氏、高氏共同执政的时代。这里的高氏，并非“天子之二守”的高氏，而是公孙虿的家族。

“二惠”执政持续了两代，第二代的栾施、高强酗酒无度，也不会团结其他齐国贵族。因此，鲍氏、陈氏联手攻打栾氏、高氏，将他们击败，分掉了他们的家产。此后，齐国的政权就掌握在鲍氏和陈氏手中。

这是陈氏在齐国政治地位的转折点。在“二惠”倒台后，陈氏不仅开始直接掌控齐国国政，而且获得了一块至关重要的封地——高唐。齐景公时期，陈氏以大斗出粮、小斗收粮的方式施惠于民，这对陈氏的财力有极高的要求。如果此时陈氏还像陈文子时期那样只有40匹马的财产，恐怕支撑不了几天就破产了。高唐是齐国大邑，且远离都城临淄，便于扩张。有了高唐这个强大的根据地，陈氏的夺权之路才算是步入正轨。

笑到了最后

熬垮了崔杼，斗倒了庆封，干掉了“二惠”，齐国赫赫有名的家族一个个倒在陈氏前面。此外，陈氏面对的还有死而不僵的勋贵旧族国氏、高氏。

陈氏的下一步行动，要到20多年之后。此时，陈文子和陈桓子都已经去世，陈氏的族长是同样心机深沉但狠辣犹过其父祖的陈乞，也就是后世所称的“陈僖子”。

公元前490年，在位长达58年的齐景公去世，把君位传给了自己宠爱的小儿子公子荼，也称为“安孺子”。“孺子牛”的典故，说的就是齐景公和安孺子父子俩。当时，已经年老体衰的齐景公极其喜爱安孺子，不顾老迈俯身扮演安孺子胯下所骑的牛，还因此摔断了牙齿。为了保证自己最爱的小儿子安安稳稳地当国君，齐景公把“天子之二守”国氏和高氏重新搬了出来，托孤给国惠子和高昭子。齐景公大概没有想到，他的精心安排不仅没有保住安孺子的君位，还断送掉风光了五百年的国、高二氏。

托孤于国氏、高氏，这让原本掌握齐国政权的陈氏、鲍氏相当不满。冷板凳坐了许久，骤然重获权位的国惠子、高昭子，在权术水平上根本不是陈僖子的对手。陈僖子表面上对国氏、高氏极为恭顺，却经常在他们面前说群大夫的坏话；面对群大夫，又极力诋毁国氏、高氏。在陈僖子的挑拨下，群大夫都站在了国、高二氏的对立面。看到时机成熟，陈僖子带领鲍氏和群大夫直接率军进入国君宫殿，发动军事政变，击败了国氏、高氏。至此，陈氏登顶齐国权力之巅，成为名副其实的权臣。陈僖子胁迫鲍牧拥立齐悼公，杀死安孺子，俨然已是生杀废立全凭我愿的无冕之君。

此后的陈氏家族延续了精于权术的传统技能，即使偶尔冒出个别政治对手，也会被轻易铲除。齐国的政权，从此牢牢地掌控在陈氏手中；齐国国君也完全沦为陈氏的傀儡。不过，陈氏要成为名副其实的齐国国君，还要再等一百年。

其实，陈氏原本不必等如此之久。毕竟公元前403年周天子就已册命韩、赵、魏三家为诸侯，此时陈氏正式取代姜姓家族成为齐国国君，本来是顺理成章的。可在此之前的两年，也就是公元前405年，齐国的公孙会以廪丘叛逃于赵，陈氏因此率领齐国军队围困廪丘。三晋军队救援廪丘，击败齐军。次年，三晋又以此为借口联合攻打齐国，攻破齐长城，直捣齐国腹地，重创了陈氏的势力。因此，在三晋伐齐的第二年，韩、赵、魏就被周王册命为诸侯，而被打残的陈氏要等到近20年后的公元前386年才被周天子册命为诸侯。此时在位的是陈和，《史记》中写作“田和”，他就是田氏齐国的“齐太公”。

陈氏取代姜姓国君，成为齐国的新国君。对外他们仍打着齐国的名号，但对内他们经常自称为“陈侯”。如著名的齐威王，他做过一件青铜敦，铭文中自称为“陈侯因次”，“因次”就是“因齐”，是齐威王之名。

“田氏代齐”其实是春秋战国时期旧君权衰落、卿权上升并取代旧君权的历史大势在齐国的具体表现。西周时期建立起以分封制和宗法制为支柱的政治体系，所谓“天子建国，诸侯立家”，其实是一种分权体制。周天子将权力分给诸侯国，诸侯把权力进一步分给卿大夫。

在整个政治体系稳定运行的时期，每个层级各司其职、各安其分，等级秩序是可以保证的。但当天下秩序陷入混乱，这种稳定的格局就会被打破。春秋战国是动乱的年代，列国之间的扩张兼并十分频繁。一方面，少数诸侯国在扩张中实力不断壮大，进一步削弱周天子的权威；另一方面，诸侯国内的卿大夫也在扩张兼并中抓住了自我壮大的机遇，将更多的土地和人口纳入自己治下。

不断壮大的卿大夫家族在国内的政治斗争中继续整合兼并，进行集权，胜出者成为国君都无法有效约束的庞大政治世族。他们世代掌控一国的政权，蚕食国君的权力，并最终取代旧国君。如鲁国“三桓”，即鲁桓公后代形成的季孙氏、叔孙氏、孟孙氏三大家族，从春秋中期到春秋结束，一直掌控鲁国政权，而且以季孙氏居首；又如郑国的“七穆”，即郑穆公后代形成的七大家族，也是在整个春秋后半段完全把持郑国的政权，郑国国君形同虚设；再如晋国的“六卿”，是在晋国原有十几个卿族的长期斗争兼并中胜出的家族，在春秋后期形成了韩氏、赵氏、魏氏、范氏、中行氏、智氏六家轮流执政的格局，晋国国君成为傀儡。后来“六卿”继续斗争，先是灭掉了范氏、中行氏，然后韩、赵、魏三家灭掉智氏，三分晋国。表面来看是“三家分晋”，实质上也是卿权上升取代旧君权。其他的如宋国的司城氏、卫国的子南氏，也在春秋晚期形成了超越君权的卿权。

“田氏代齐”，并不能简单地理解为篡权，在政权更迭的背后，是春秋战国时期政治形态的质变。

西周春秋时期的姜姓齐国，是分权体制下的旧邦国；战国时期的田氏齐国，则是集权体制下的新国家。

（文/公孙蛋）

晋楚争霸：春秋中期的主旋律

春秋五大战争，三次都发生在晋、楚两国之间。另外，晋、齐两国之所以发生鞌之战，主要原因是晋国担心齐国与楚国联合。可以说，春秋中期的主旋律，是晋楚争霸。

和春秋初年，各小国间随便就舒活舒活筋骨、抖擞抖擞精神打上一场不同，晋楚间的大国竞争高手过招，反而表现得很克制。从城濮之战到向戌弭兵，间隔差不多90年，真正的大仗，也就打了三回。

两大国之间的距离足够远，彼此争的是势力范围，不大可能直接威胁到对方本土，所以起码的安全感还是有的，不像晋国和秦国，或者后来的楚国和吴国，有个风吹草动就会引起对方巨大疑虑。

当然大国手里的资源多，可打的牌也多，直接正面对决，基本是最后选项了。

卫星国的妙用

鲁僖公三十三年（公元前627年），晋国除了崤之战把秦军包了饺子，还差点和楚国再打一场大战。

晋文公一死，心思活泛起来的不止秦穆公一个。南方的许国，竟然投靠了楚国。

如果说，这时晋、楚是一流大国，齐、秦是准一流大国，那么郑、宋、鲁等国可以算二流中的强国，许国则连三四流都不知道能否够得上。

但无论如何这是个危险的信号，本来几乎所有重要国家都奉晋国为霸主，处于晋国主导的同盟内。现在有人反水，要是置之不理引起连锁反应，那问题就相当严重了。

于是“晋、陈、郑伐许”。割鸡焉用牛刀？晋国未必出动了多少兵力，郑国和许国是世仇，郑穆公是晋国扶上君位的，晋国刚刚灭掉了企图偷袭郑国的秦军，体现了大哥对小弟的关爱，郑国当然也给大哥好好表现，所以这次伐许，郑国应该是主力。

所以接下来楚国的反应，也是针对郑国。“楚令尹子上侵陈、蔡。陈、蔡成，遂伐郑。”楚国手里囤着一个郑国的流亡公子，把这位公子送回去取代郑穆公，也不算师出无名。但楚国不是直接攻郑，而是先打服了陈、蔡两个更接近南方的三流国家，然后北上。

郑国表现出色，居然顶住了攻势，还捡漏似的把那位流亡公子杀掉了。看这个结果，打郑国，楚军也未必出动了主力，事情主要还是交给两个刚收服（应该是收回，毕竟这两个国家大多数时候都是追随楚国的）的小弟去干的。

对郑国这样忠勇的盟友，晋国当然要有所表示，晋军终于出动了，攻击目标是蔡国。蔡国是楚国的门户，当年，齐桓公伐楚，就以打蔡国为第一步。所以楚国不能坐视不理：晋阳处父侵蔡，楚子上救之，与晋师夹泜而军。

两军隔河对峙，前面这一系列小弟乱战之后，晋、楚两大国，终于到了战争的边缘。

然而这时双方都表现出高度的谨慎和鸡贼。

晋军统帅阳处父写信给楚军统帅子上，“我听说：‘有教养的人能接受有道理的话，有勇气的人能够和敌人正面扛。’你如果打算开战，那么我军后退30里，把河边空出来，再留给你足够的时间，给你摆好阵势；不然的话你让我过河，也用这个态度对我。老这么耗着，也不是个事。”

子上就准备过河，但身边有人提醒他，晋国人最不讲信用了，咱们面对的可不是宋襄公，河过了一半，他来个突击，那可就惨了。——说这话的人叫太孙伯，是城濮之战时楚军统帅子玉的儿子。这时距离城濮之战（公元前632年）也不过五年，对晋国人善于玩阴的特性，他应该记忆犹新。

于是，子上决定，还是自己后退30里。

然而，发现楚军后退之后，阳处父的反应不是过河，而是欢呼。他宣布：“楚国人已经逃走了！”然后就带着晋军，以胜利之师的姿态回家了。

晋国人自己评价阳处父，发明了一个成语——“华而不实”，这也是一个好例证。

楚国人很没趣，然而不敢追击，也只好回家了。

这事实际上为后来的两国相争定了个基调：或者利用自己的

小弟给对方找别扭，或者欺负对方的小弟让对方没面子。真要正面对决，还是尽可能回避，场面上能做到单方面宣布胜利，就算很圆满的结果了。

争夺中间地带

小弟有如此妙用，身为大国，当然要多收小弟。然而，小弟也不是越多越好，尤其是，小弟要是距离自己太远，带来的麻烦就远远多于好处。

当初，齐桓公伐楚，先收服江国和黄国作为攻楚桥头堡。但是伐楚回去后，江、黄就处于楚国威胁之下，齐国却没有能力为保护它们再组织一次远征，这两国最终都为楚国所灭。收了小弟而包庇不了，无论如何很折霸主的面子。

齐桓公死后，楚国的势力急剧扩张，甚至让北方的曹国、卫国都屈服了自己。这时晋国出兵曹、卫，就把楚国置于很尴尬的位置：救还是不救？

楚将子玉一咬牙，还是要救，于是城濮一战，就被晋国打得大败。

经过早期争霸战争的试探摸索，北方和南方的大国，都慢慢清楚了自己实力的极限。北方不能过分逼近长江，南方不能过分逼近黄河，偶尔过去耀武扬威刷下存在感是可以的，一味追求长期控制，多半就会自取其辱。

晋国和楚国都意识到，自己力所能及的地方，大约是郑国和宋国一带，所以双方时常在这里胶着。这两国尤其是郑国的归属，也就成了两强角力的焦点。

郑国的地理形势，是《孙子兵法》中所谓的“衢地”，四通八达，兵家必争：从这里向南，可以进逼楚国的方城要塞；从这里往北，过黄河就是晋国；向西，可以去洛阳朝觐周天子，从而祭起“挟天子以令诸侯”的大旗（不过春秋中期以后，这招渐渐不太管用了）；往东，则可以横扫中原诸夏。所谓“中国得郑则可以拒楚，楚国得郑则可以窥中国”。

晋、楚三场大战，除了城濮之战楚国“傻大胆”冲到卫国去了，另两场都是在郑国的地界上打的：邲之战，邲在今天的河南荥阳东北，是郑国的北境；鄢陵之战，鄢陵是今河南鄢陵西北，在郑国南部。

据《左传》描写，两次大战爆发之前，两国高层内部都有很强烈的反战声音，但最终因为一两个小细节没处理好而擦枪走火。这也是晋、楚两国在郑国对峙时的心态为何和在卫国时不同，都觉得不能再让了：只有郑国站在自己一边，身前才算有个屏障；反过来，郑国和谁站在一边，另一方就会觉得自己的要害暴露在敌人的兵锋之下。

这是大国之间难免的关于安全感的悖论，一方想提升自己的安全感时，另一方就会加剧不安，战争往往不可避免。

小国的安全保障

后世在中国的土地上，若出现一个地方上的割据政权，大家都觉得把它灭掉才是自然合理的，因为追求统一是最大的正义。

但春秋时代，人们的心态还很不同。

儒家经典里鼓吹“兴灭国，继绝世”，已经被灭掉的国家让它复活，已经断绝的世系给它续上，被当作大功德。虽然这是理想化的情怀，但现实中还是可以找到一些例子的。至少到春秋中期，还有一种反对把人家国家灭掉的观念，经历过春秋初期乱战还能活下来的诸夏国家，亡国的风险暂时不那么大。

鲁宣公十年（公元前599年），陈国发生了著名的夏姬之乱，国君陈灵公遭到大夫夏征舒的弑杀。陈国在郑国的东南，大多数时候被楚国控制，但在晋国势力极盛时，也有能力打陈国的主意。当时陈国的太子，就在晋国。当时楚国的国君，正是极具雄才大略的楚庄王，他显然意识到，这是个加强自己对陈国控制的好机会。

鲁宣公十一年（公元前598年）冬天，楚国伐陈，楚庄王宣称“夏征舒为不道，弑其君，寡人以诸侯讨而戮之”。——这都是春秋时代比较好面子讲规矩的地方：第一，攻打别国，要找理由，不能说打就打，类似“卧榻之侧岂容他人酣睡”这样的论调，在这个时代是没有说服力的。第二，楚国伐陈，以一己之力搞定那是轻而易举，但还是要以诸侯之师、多国部队的名义行动，这样，就可以把一个大国的私欲，包装成国际社会的共同意志。

很快，楚军控制了陈国，弑君者在城门口被车裂。然后，楚庄王准备“县陈”，就是把陈地变成楚国的一个县。所谓县，就是悬，也就是由楚王直接控制的遥远的边境地区。这个构想如果落实，陈国就此灭亡。

但楚国的贤臣申叔时向楚庄王提出了劝谏，他打了一个比方，“抑人亦有言曰：‘牵牛以蹊人之田，而夺之牛。’牵牛以蹊者，信有罪矣；而夺之牛，罚已重矣。”有人牵着牛走到别人的田里，结果受害者就把牛给抢走了。踩别人的田确实有错，但因此把牛抢走，难道就不过分了吗？申叔时说：“诸侯跟您来，是讨伐陈国的叛逆的，现在您贪图陈国的富有，就把人家吞并了，恐怕不可以吧？”

楚庄王便放弃了设县计划，让陈国人从晋国迎回太子，重新建国。

楚庄王一开始想“县陈”，也未必只是贪图陈国之富，而是不愿意一个家门口的国家，却落入亲晋的国君手里。但仔细掂量之后，还是觉得吞并一个国家要付出的道义成本，来得更大。

据说，孔子读史至此，曾经喟然赞叹说，楚庄王真是贤明，“轻千乘之国而重一言之信”，又说，“非申叔时之忠，弗能建其义；非楚庄王之贤，不能受其训也”。其实人的因素是一方面，更重要的还是时代：春秋时晋楚对峙，齐秦的实力，相去也仅一点而已，譬如东邪西毒南帝北丐，谁也无法取得绝对优势，这种情况下中小国家的人心向背，会影响到大国能否取得霸主地位。战国时代，尤其是商鞅变法之后秦国独强，而小国的数量越少，国力越弱，就算有“天下不直秦”的国际舆论，也不可能再有这样的约束力了。

简单说，春秋与战国，有隐性的丛林社会和赤裸裸的丛林社会的区别。同样是大国吃小国的血肉，春秋相对比较文雅，算得上钟鸣鼎食，战国则近乎茹毛饮血。

当然，你也可以说这不过是春秋时代比较多的贵族的虚伪。但吃人者要花精力和心思保持吃相不难看，对弱小者来说，就是多了一点逃生的时间和空间。所谓“文明”(日常含义，不是考古上说的文明)，常常也不过就在于留与不留这一点点余地而已。楚国为了争霸主，经常把别国打到灭亡的边缘，在最后关头给人留一条活路，以示恩威并举。

晋国处理国际事务的手段通常还要更加柔和一点——当然，有这个印象，也可能是因为《左传》的作者比较偏袒晋国，所以晋国对诸夏国家的暴行能不写就不写了。顾栋高梳理晋国疆域扩张的时候，经常写到某地“不知何年属于晋”，显然就是这片土地原来的主人怎么被晋国欺负的内容，被《左传》给隐去了。

从某些角度看，晋国在当时天下的地位，有点类似美国在今天世界的地位。

在兴起初期，美国曾遭到欧洲主要国家的轻视，但国力强盛之后，却俨然成为西方文明的代表和捍卫者。在国家草创的阶段，美国扩张欲望极盛，以区区13个殖民地，扩张为方圆超过900万平方千米、东西两大洋、南北无强邻的超级大国。当然，这是美洲内部的事，其间牵涉到恃强凌弱、屠灭种类的故事，外人印象总是不深。

等到19世纪、20世纪之交，美国以GDP第一的大国之姿走向世界的时候，对抢夺殖民地并不热心，在国际争端中喜欢为弱小民族立言，就成了美国最引人瞩目的特点。这是无比成功的大国转型。

晋国本是华夏文明的边缘，中原诸夏素来轻视它粗鄙无文，但国力强盛之后，晋国却俨然是华夏文明（当时很多人看来也是唯一的文明）的代表和捍卫者。

在国家草创的阶段，晋国扩张的欲望极盛，所谓虞、虢、焦、滑、霍、扬（杨）、韩、魏，皆姬姓也，晋是以大。若非侵小，将何所取？武（晋武公）、献（晋献公）以下，兼国多矣，谁得治之？

当然，这是太行山以西的事，其间牵涉到恃强凌弱、屠灭种类的故事，华北平原上的列国，同样缺乏感同身受。

等到晋文公时代，晋国越太行，启南阳，挥师东南以争霸天下的时候，晋国就画风大变，与之前判若两国。它要小国尊重自己的霸主地位，要向各国索要贿赂物资，但总的来说，是扮演着诸夏保护者的角色。被别的国家欺负了，找晋国为自己出头，是很多国家很自然的反应。

这就要说到又一个重要之点，就是在盟友最需要帮助的时刻，晋国也往往会玩失踪。

宋国的戆头

对中小国家来说，不至于亡国，显然并不就意味着日子好过。鲁宣公十四年（公元前595年），楚庄王派大夫申舟出使齐国。从楚国到齐国，一定要经过宋国。而申舟和宋国有仇，当年宋国一度和楚修好，宋昭公和楚穆王一起打猎，宋昭公迟到了，申舟就当众鞭打了宋昭公的车夫，这是对宋国极大的羞辱。

现在，虽然宋国国君换成了宋文公，但这件事，宋国人一定不会忘。更要命的是，楚庄王还特别要求申舟：“无假道于宋。”不许向宋国借路。从人家的国土经过，不跟人家打招呼，这么做，就是刻意在挑衅宋国。申舟对楚庄王说：“郑昭宋聋，晋使不害，我则必死。”郑国人眼神好，最会看风头；宋国人耳朵聋，遇事拎不清。您派去晋国的使者不向郑国借路，这口气郑国人也就忍了；宋国人却一定不会放过我。楚庄王的回答倒也直接：“杀女，我伐之。”宋国人要是杀你，我就讨伐宋国。话说到这份上，申舟也明白了，大王就是要用自己这条命，换一个伐宋的借口。于是他把自己的儿子引荐给楚王，这是提醒他：一来，我为国家把命都搭上了，您对我儿子可要好好照看；二来，我不能白死，您一定得把宋国打下来，我儿子盯着呢！

果然，宋国的反应很激烈。宋国执政华元说：“过我而不假道，鄙我也。”楚使从我国经过都不打招呼借路，是把我国当作了楚国的一个边邑。沦为边邑，就是国家灭亡，而杀了楚使，就算楚国来讨伐，也无非是灭亡而已。宋国抱着慷慨赴死的心理，杀了申舟。楚庄王闻讯的反应，霸气得要炸裂：楚子闻之，投袂而起，屦及于窒皇，剑及于寝门之外，车及于蒲胥之市。秋九月，楚子围宋。

楚庄王挺身站起，大袖飞扬。古人在屋里不穿鞋，庄王鞋子都不穿就往外走，负责穿鞋的仆役在院子里给他把鞋穿上。管佩剑的仆役反应又慢一些，在宫门之外，才替他把剑佩带好。王的车驾，则一直到蒲胥这个地方的市中心，才追赶到位。

庄王如此激动，也不好说是急于为申舟报仇，还是为终于有了伐宋的借口而兴奋。总之，九月，楚军把宋国重重包围。宋国的反应，当然是向晋国求救。

这么多年来，宋国一直是晋国最忠实的追随者，晋国当然有责任救宋。可是就在两年多以前，邲之战晋国刚刚惨败在楚国手里，现在又忙于和秦国作战，所以还真难提起再和楚军大战一场的勇气，所谓“虽鞭之长，不及马腹，天方授楚，未可与争”。

在这种情况下，晋国的贤臣，对怎样做一个大国，提出了重要的理论创新，谚曰：高下在心。川泽纳污，山薮藏疾，瑾瑜匿瑕，国君含垢，天之道也。君其待之。

处理问题时，高调还是认㞞，自己心里要能根据具体形势做判断。鱼缸可以是纯净的，但河流与湖泊就得容纳污垢；盆景可以是小清新的，但山林与薮泽里就一定有病虫害；所以美玉难免有瑕疵，做国君的，被侮辱了有时就得忍。这就是天道。“君其待之”，身为大国，下的是一盘很大的棋，这个场子，以后再说。

但晋国显然认为，大国可以逃避战争，小国却必须死扛到底，所以派人哄宋国说：“晋国已经出动了全国军队来救你了。”使者走在半路上被郑国人抓住，送交到楚国手里。楚庄王让他跟宋国人说实话，这个使者倒也是条有勇有谋的汉子，假装答应，于是被送到楼车上喊话，但他豁出性命不要，还是按照晋国的指示喊，到底把“晋师悉起，将至矣”这句无耻的谎言送进宋国人的耳朵里。

于是，宋国人戆劲上来了，拿出一种守株待兔的精神（大家都知道，这是嘲笑宋国人蠢的一个著名的段子），等待晋国的援兵。也不知道该说幸还是不幸，宋国都城城墙坚厚，宋国人守城的能力，当时天下第一。

这一仗打成了春秋时为期最长的一次围城战，前后相持九个月。宋国人被逼到“易子而食，析骸以爨”的地步。没东西吃了，吃小孩，自己的孩子舍不得吃，那就互换，你吃我的，我吃你的。柴火是早就没有了，就拆解死人骨肉做燃料。

其实城外的楚军也快撑不下去了，楚庄王想撤兵，但是架不住申舟的儿子跪在马前说“我父亲知道必死而不敢不执行王的使命，王却没有说到做到”，只得咬牙在城外盖房子开垦农田，表示打算一直耗下去。

最终，还是楚军后退了30里，两国签订盟约。这是给了宋国极大的面子，表示签的不是城下之盟，两边相对平等。盟约的核心是八个字：“我无尔诈，尔无我虞。”咱们谁也别骗谁。

很多论史的人，批评宋国人头脑顽固，楚国不借道，“鄙”你就鄙了，非要杀人家使者，置这口闲气做什么？楚国来讨伐，打不过，认输求和就是，毕竟春秋不是战国，胜利者也不会屠城，签个城下之盟，献上牺牲玉帛，无论如何要好过吃孩子烧死人的惨状。

但也有人支持宋国的意见。宋国人珍视自己的国格，珍视与晋国盟约，当然体现了一种可贵的尊严意识和重然诺的精神。即使从利害算计的角度考虑，打得一拳开，免得百拳来，这一番惨痛代价换来的结果，一是楚国从此不敢轻易招惹宋国，二是晋国觉得对宋国有所亏欠，在国际事务处理上往往有所照顾，所以总的说来宋国还是得大于失。

这种争论当然不会有什么结果。不妨一提的是，宋国都城在睢水以北，这里也就是唐朝安史之乱的时候，名将张巡死守的睢阳。那次睢阳之战的结果也是没粮食吃了只好吃人，一座睢阳城几乎吃空。这样的悲壮和惨无人道，出现一次震撼人心，但在同一个地方反复上演，就只剩下历史的荒谬和虚妄感了。

郑国的滑头

不识相、认死理的宋国结果如此之惨，那么猴精猴精的郑国，处境是不是能好上一些呢？

前面说过，郑国是晋楚相争的焦点。两强角力80多年，郑国认晋国是老大和认楚国是老大各40多年。可见，晋、楚两国有多么势均力敌，也可见郑国见风使舵有多么敏捷。

宋国围城战的三年前，即鲁宣公十二年（公元前597年）春天，楚国攻打郑国，理由照例是郑国归附了晋国。坚守了17天，郑国看情势不妙，决定占卜自己的命运。先占卜后投降，结果是不吉；又占卜去太庙痛哭一场，然后准备和楚国打巷战，结果是吉。

于是全城痛哭，连城墙上的守军也开始哭。

这哭声楚军都听见了。也许是楚国人讲礼法，觉得人家已经哭了，就要暂时放一放；也许是楚国讲战术，觉得这是哀兵，不好对付，暂时放一放等郑国人这股子气泄了再说；也许是楚国人误会了，以为郑国哭，是准备要投降了……总之，楚军后撤了。

于是郑国乘机修好了城墙。楚军再次发起进攻，这次郑国坚持了三个月，终于被攻克。

郑襄公按照当时投降的规矩，光着上身牵着羊，走到楚庄王面前，说了一番很哀哀切切的话，大意是：事已至此，您要把郑国的人口都流放到楚国南部的荒远之地，我认了；您要是把郑国的土地瓜分给诸侯，我也认了；如果您惦记历史上两国的友谊，保留郑国的宗庙社稷，把郑国变成楚国一个县，让我们继续侍奉您，这是您的恩惠，我的心愿，但是并不敢指望。掏心窝子的话我都已经说了，您看着办吧。

这时，楚庄王展现出高贵的宽容，给郑国的待遇，比郑襄公自陈不敢指望的那个方案还好，他让郑国复国，退兵30里，然后签订了同盟条约。

楚庄王这么做，公开的理由是郑襄公“能下人，必能信用其民矣”。实际上，楚国连把距离更近、实力更弱的陈国变成县都要仔细斟酌，真把郑国变成县，技术上也有很难克服的困难。

郑国国土面积不小，国家根基深厚，对外国直接统治会有各种抵触，还处于半贵族半官僚体制下的楚国，拿不出一个有足够能力应对这种局面的地方行政班子来。而且，郑是自己的同盟国，晋国人打过来，自己不过是有协同防御的义务；郑是自己的一个县或几个县，晋国人打过来，那就成了守土有责，一点儿不能退缩，政策上选择的余地，反而会小很多。

事态发展至此，看来郑国的及时投降，取得了不错的结果。但问题是，这时晋国的救兵到了：夏六月，晋师救郑。荀林父将中军……及河，闻郑既及楚平，桓子（即荀林父，桓子是其谥号）欲还，曰："无及于郑而剿民，焉用之？楚归而动，不后。"

楚国春天就开始伐郑，前后大约120天，到了夏天六月，晋军终于出动了。这次，晋国倒未必是有意拖延，此前晋军的中军统帅一直是郤缺，此时却突然换成了荀林父，经历这么重要的人事变动，显然内部有些关系难以理顺，行动效率就被拖了下来。刚到黄河边，探马来报，郑国已经投降了。

于是，荀林父一声令下，咱们回家吃饭吧。这个决定倒也并非不合理。郑国都已经投靠楚国了，也无所谓救郑国了，我还辛辛苦苦赶过去做什么？关键在荀林父还说了"楚归而动，不后"六个字，等楚军撤了，咱们再出兵去打郑国，也不算晚。

但是，晋国不都是荀林父这样的老狐狸，还有一帮子想跟楚国一决高下的愣头儿青，他们自作主张过了黄河。荀林父作为统帅不能把他们置之不理，只好也跟着过了河。

楚庄王的计划，本是"饮马于河而归"。楚国的列祖列宗没到过黄河边，让楚军的马喝一口黄河水，有重大的象征意义。真驻扎在这里和晋军一决胜负，他没这个打算。

对大王的这个想法，楚国的令尹，著名的贤相孙叔敖也很支持，但问题是，楚国也有愣头儿青，他们高呼："君而逃臣，若社稷何？"我们国君在此，晋国只是派来一群卿大夫而已，这种情况下我们若是回避晋国，置国家于何地？爱国主义的大纛一祭起，楚庄王也不得不开始犹豫。

在晋楚两国的持重派和主战派都在相互扯皮的时候，郑国出来煽风点火，积极促成晋楚决战。郑国这样做的原因很简单：只有晋楚分出胜负，自己才好决定归附于谁。不然，自己认了一国当大哥，另一国就打过来逼自己改换门庭，这么循环下来永远没完。这一次，这乱世如郑所愿，晋楚最终在邲一战，晋国被打得狼狈逃回黄河北岸，看来郑国暂时可以认定一个大哥了。然而这也只是几年的消停。晋国很快缓过劲来，两大国又开始轮流伐郑。在这种夹缝之中，郑国的立场常常转得比风车还快。为了给自己的反复无常解嘲，郑国的大夫警句不断，如“晋、楚不务德而兵争，与其来者可也。晋、楚无信，我焉得有信？”又如“俟河之清，人寿几何？”该句出自《周诗》，原意是说遇到麻烦，不能等晋国来救你。传说黄河一千年清一回，晋国就像黄河水，救兵千年等一回。

再如，“敬共币帛，以待来者，小国之道也。牺牲玉帛，待于二竟，以待强者而庇民焉。”这句是说把财物恭恭敬敬准备好，等待那些来打我们的人，这就是小国的生存之道。祭祀用的牲畜和玉帛，别集中到中央，而要放在北边和南边的边境上，就等待那些强大而能保护我国人民的人。

最有意思的是鲁襄公九年（公元前564年）那次与晋国结盟。晋国和郑国就盟约的誓词发生了争执。

晋国人要求说，郑国以后应该“唯晋命是听”，反正你以后一定得听我晋国的。结果在向神明念誓词的时候，郑国人以迅雷不及掩耳之势加了一句，郑国“唯有礼与强可以庇民者是从”。我们追随的国家，应该有礼、强大而且是人民大救星。

晋国人一听火了，什么叫追随强大的国家？这不是有奶就是娘的做法吗！这盟书得改回来！

郑国人说：“这盟誓已经汇报给神明了！如果盟书也可以改，那就是神明也可以背叛；神明都可以背叛，那大国又有什么不可以背叛的？还是就这么着罢。”

晋国人也无可奈何，走了。果然，他前脚走，后脚楚国又来了。

郑国还是老样子，向楚国投降，和楚国结盟。也有人不好意思地说：“我们刚跟晋国歃血为盟，嘴上的血还没干就改变立场，合适吗？”

郑国的执政子驷说：“我们本来就说的是追随强大的国家，并没有违背盟约！”

看来，郑国的道德崩溃得最彻底，郑国人也是真善于拿着条约咬文嚼字。所以，郑国能成为春秋各国里最早颁布法律的国家，实在也是毫不奇怪的。

但这种精明实际上并不能改善郑国的处境，每次它似乎都把自己的损失控制到了最小，但也导致了没有哪个大国把郑国当自己人，没事就来欺负他一回，累积下来一算，郑国混得简直比宋国还惨得多。就在上面提到的那份盟约里，还有这样的文字：天祸郑国，使介居二大国之间，大国不加德音，而乱以要之，使其鬼神不获歆其禋祀，其民人不获享其土利，夫妇辛苦垫隘，无所底告。

上天降给郑国灾祸，使之夹在晋楚两个大国之间。你们做大国的，不给我们友好的声明，反而以战争要挟我们结盟，让我们郑国的鬼神不能享受到清洁的祭祀，让我们的人民不能安心耕作，男男女女辛苦羸弱，有冤却无处诉说。

后来孔子周游列国，碰到好多隐士，这些隐士往往就出现在当年的晋楚战场一带。孔子不满黑暗的现实，老想着改良；隐士们则不相信社会还有变好的可能。这和他们更多地见识了发生在这一带的闹剧与悲剧，也有很大的关系。

（文/刘勃）

孔子周游列国路线：他到底走了多远？

孔子是春秋时代的人，说春秋时代是个礼崩乐坏的乱世，当然是对的。但春秋（取通行说法，公元前770—公元前476年）大约300年的时间跨度，具体到孔子生活的这一段，却又有点不大对。

这时周王朝早已衰落，天子只占据着洛阳周围的一小块地盘和天下共主的虚名。天下诸侯争霸，当时有四大强国——东方的齐国、南方的楚国、西方的秦国、北方的晋国。这当中又以晋国和楚国最为强大。

晋楚争霸，可以说构成了春秋历史的主轴。晋国和齐国是同盟，他们都以华夏国家自居。齐国有时会跳出来和晋国抢华夏第一强国的位子，所以彼此间矛盾也不少。楚国号称蛮夷，秦国则被人骂是戎狄，故秦楚两国的关系更为亲密，春秋时代很少闹矛盾。

四大国之间，还夹着很多中小国家。这些国家实力不如四大强国，但作为西周分封的老资格，很可能比四大国地位高、头衔尊贵。即使他们在战争中被揍得再惨，可在文化方面往往自视甚高。孔子的家乡鲁国，就是其中的典型代表。

孔子成长于和平时代

孔子6岁那年，也就是鲁襄公二十七年（公元前546年），晋、楚带领各自的盟国，在宋国会盟。这次盟会的主题是友好相处，尤其是提出一个概念，叫“晋楚之从交相见”。原来认一个大国做盟主的，现在要尊另一个大国为盟主。

之后，晋、楚就真的不打了。毕竟，长达百年的比拼消耗之后，晋、楚实在打不动了。所以和很多人的印象不同，孔子生活的时代，尤其是北方中原，是相对和平的年景。

孔子五十知天命，其实是50岁出来做官。干了三年，开始比较顺利，策划了著名的“隳三都”，也就是孔子想把鲁国三家最有权势的大夫即所谓“三桓”家的墙给拆了，结果失败了。他在鲁国待不下去，就想出国去碰碰运气。

孔子离开鲁国的时间，《左传》和《论语》都没提，《史记》提供了两种说法，《孔子世家》说是鲁定公十四年（公元前496年），《鲁周公世家》《十二诸侯年表》都说是鲁定公十二年（公元前498年）。

《孔子世家》是司马迁根据各种零散资料、社会传闻整合编写的；《鲁周公世家》《十二诸侯年表》则是根据各国官方的编年史整理出来的。涉及年代问题时，可信度当然是后者高。

孔子怎样周游列国，是《孔子世家》的重点，几乎占了全篇的一半。

但这部分内容也是问题最多的。孔子并没有一部旅行日记留下来，他走了很多地方，遭遇了很多事，在他死后不久，孔子周游的故事就已经成了天下人热谈的话题。

司马迁曾说：“孔子明王道，干七十余君，莫能用。”这个说法明显太夸张了，春秋末期国家的数量已经不太多，太弱小的国家孔子也不会去，也没那么多国家可以让孔子去吃闭门羹，但这是汉朝的主流说法。

为孔子立传还是要严谨一些，我们需要对海量的素材进行筛选和排列，对照着时间线和地图，组合出一张合理的孔子行程表。这个过程有点像拼图游戏，难度更大的地方则是，你不知道手里的这块拼图是真的还是假的。

历代学者对这个问题做了很多研究，大致达成这样的认知：第一，所有人公认司马迁提供的行程表不可信；第二，大家各自新拟定的行程表，不能说没有共识，但很多细节谁也说服不了谁。

先到卫国是因为他们也“反晋”

人们大致认为，孔子离开鲁国，想到卫国去碰碰运气。之所以选择卫国，是因为卫国和鲁国是邻居，又都是姬姓国，也就是说，不论地缘还是血缘都很亲近。而且，当时卫灵公在和晋国闹别扭，而孔子在鲁国时，促成了鲁国和齐国结盟，而齐国和晋国是竞争关系，所以孔子也和晋国是对立的。

大家有共同的敌人，卫灵公对孔子的确很热情。

不过，孔子在卫国的遭遇，被司马迁写得很奇怪。孔子是鲁定公十三年（公元前497年）不知道几月份到的卫国，到鲁哀公二年（公元前493年）夏四月卫灵公去世。短短四年时间，若相信《孔子世家》的说法，孔子四次离开卫国。

第一次是刚到卫国后不久，孔子没待多久，就有人对卫灵公说孔子的坏话，于是卫灵公就派人监视孔子。孔子害怕被治罪，十个月后，第一次离开卫国。

孔子这次离开没走远，转了一圈又回到卫国。接下来是孔子生平唯一一次绯闻事件——“子见南子”，这之后卫灵公倒是礼遇孔子了，但是在卫国住了一个多月，卫灵公出门与夫人南子同坐一辆车子，让一个叫雍渠的宦官坐车右，又让孔子坐在第二辆车子上，“招摇市过之”，显然这会引起无数人指指点点。

这个场面让孔子很难堪。孔子说，像喜欢美色一样喜欢道德的人，我是没碰上！于是就又走了。这是他第二次离开卫国。

这次，孔子几经波折去了陈国，但碰上陈国动乱，不得已只好又回到卫国。

卫灵公听说孔子回来了，非常高兴，为孔子举行了“郊迎”仪式，国君亲自到郊外迎接，这是极其隆重的礼遇。但是卫灵公年纪大了，也没什么追求，孔子在他身上看不到希望，便叹了口气说：“如果有能任用我的人，一年初步见效，三年出成果。”于是又上路了。这是他第三次离开卫国。

孔子兜兜转转，还回了一趟陬邑老家，在哪里都没有机会，只好又到了卫国。有一天，卫灵公向孔子问起军队列阵作战的事，孔子回答说：“祭祀的事我倒有耳闻，排兵布阵的事，我还不曾学过。”

根据孔子之前“隳三都”的表现，还有后面孔子的学生在战争中的表现，孔子虽然算不上什么大军事家，打仗还是懂一点儿的，在当时东方诸夏的水准线以上。这里说不懂，显然是托词，就是我不愿意和你谈打仗的事。你先推行了我的道，然后才有资格听我谈兵，不然，免谈！

卫灵公看孔子这么不配合的样子，自然也就不打算跟他谈了。第二天，卫灵公又和孔子聊天，看见头顶大雁飞过，就目送归鸿，不关心孔子了。

孔子第四次离开了卫国，又到陈国去了。这年夏天，卫灵公去世了。

在卫国的四进四出，有什么蹊跷？

照《史记》这个写法，卫灵公挺不容易的。

孔子一言不合就走人，倒是卫灵公心胸非常宽广，你走我不留，你回来，我还好吃好喝地款待。

不知道卫灵公有无感慨：“那个孔丘说，唯女子与小人难养也。我的夫人南子，这是我的女子；弥子瑕，分桃子给我吃的小瑕瑕，是我的小人。女子与小人都挺好养。难养的，一个是我儿子蒯聩，叛逃到晋国，还有就是这个孔丘，神出鬼没跟一只回旋镖一样……要我说呀，是唯儿子与圣人难养也。”

当然，更实在的质疑是，《左传》里对这些年发生了哪些国际大事有很清楚的记录，孔子四次离开如果全部为真，离开后经历的那些事，许多是与《左传》提供的时间线无法吻合的。

所以，可能的情况是：孔子为什么离开卫国的故事，在孔子去世后产生了大量传说。司马迁看到了很多材料，感觉都挺感人，哪个也舍不得放弃，于是，孔子就只好离开了好多次。

最简单，也是合情合理的一种理解是，当时卫国分裂成两派势力：卫灵公本人，主张卫国独善其身；卫灵公的儿子蒯聩，倾向于与晋国合作。

卫灵公活着时，蒯聩斗不过爸爸；卫灵公去世后，他的孙子、蒯聩的儿子辄继位，卫国自主派的势力大减，晋国则支持蒯聩回国当国君，卫国的局势一下子变得非常紧张。

孔子一直是从卫灵公那里拿高薪，这时候应该怎么办，也让弟子们惊疑不定。《论语》里有这样一段记录：

> 冉有曰："夫子为卫君乎？"子贡曰："诺，吾将问之。"入，曰："伯夷叔齐何人也？"曰："古之贤人也。"曰："怨乎？"曰："求仁而得仁，又何怨？"出，曰："夫子不为也。"

翻译过来情景大概是这样的——

冉有问："我们老师会坚定支持卫君吗？"

子贡说："我去问问吧。"这种事不太好直接问，因为是敏感时期，孔子说什么，都可能被放大而引起麻烦。

子贡聪明，问的是："伯夷、叔齐是什么人？"——传说，伯夷、叔齐是孤竹君的两个儿子，以互相推让国君之位著称。

孔子说："是古代的贤人。"

子贡又问："怨乎？"伯夷、叔齐放弃了君位，最终结果是在首阳山饿死，他们内心有怨念吗？

孔子说："追求仁，又得到了仁，有什么可怨恨的呢？"

子贡出去后，就对同学们说："老师不会坚定站在卫君一边的。"按照子贡嘴快的脾气，很可能还会说，同学们赶紧收拾行装吧，老师要离开卫国了。

这段话，有一种理解就是：现在蒯聩的处境类似伯夷，按照父死子继的原则，应该他即位，但是爸爸没传位给他；卫出公的处境类似叔齐，按照国内的即位程序，是他即位，但他是做儿子的和爸爸竞争，就像叔齐是做弟弟的，如果和哥哥竞争，总有点不大对。

就是说，对卫国当前的困境，孔子提出的解决方案是：蒯聩应该逃脱晋国的控制，辄应该抛弃国君之位，父子一起出逃，到天涯海角，然后父慈子孝，这才是高尚的选择，现在两个人在那里争夺国君，显得两个人都很没有品格。所以，孔子的态度是一个也不支持。

孔子还有一句更有名的话："危邦不入，乱邦不居。"既然发现卫国要乱，他当然就走了。

离开卫国后孔子的路线是怎样的，又有两种理解。

在宋国被威胁，在郑国被嘲笑

一种是复杂化的路线：孔子没有目的地，想到处碰碰运气。

按照《史记》的说法，孔子在三个地方的经历比较重要。

第一是“子畏于匡”，在一个叫匡的地方，孔子被误认作阳虎，因此和当地人发生了冲突，差点出危险。

第二是“微服过宋”，孔子到了宋国，“宋司马桓魋欲杀孔子”。司马是管军事的，当年孔子的老祖宗孔父嘉，在宋国也是干这个的。

桓魋这个人很阴柔、很精致、很脆弱、很物质。按《左传》的描述，他和宋景公似乎是同性的恋人关系。他被人欺负了，宋景公为他眼睛都哭肿了。两个人在一起，是那种儿女共沾巾的感觉。

孔子得罪桓魋的原因可能是，桓魋活着奢侈，更想死后厚葬。贵族死后，都是棺材一层套一层的，桓魋用石头做套在外面的大棺材，好多年都没做成，弄到劳民伤财的地步。孔子到了宋国后，看不惯，说了句：“若是其靡也，死不如速朽之愈也。”翻译成白话就是，奢侈到这个地步，死了还不如快点烂掉的好。

桓魋那玻璃心，哪里受得了这个？就要杀孔子了。

桓魋表示自己杀心的方式也挺阴柔的。孔子带着弟子在一个大树下讲课，桓魋就派人“拔其树”，这大概相当于砸了教室。

于是，孔子打算离开宋国。弟子们催促他快点走，孔子说：“天生德于予，桓魋其如予何！”翻译过来就是，上天赋予我伟大的德行，桓魋能把我怎么样？这件事，双方的表现大概都算是挺嚣张，但不凶狠。桓魋真要杀孔子，直接过来杀就是，不用把树弄倒给孔子警告。可能是孔子也算有点影响的人，他只是想把孔子吓走算了。

孔子虽然说了句大话，据孟子说，最后还是“微服而过宋”，换了和身份不相称的衣服，假扮成不相干的人，也还是知道怕的。但桓魋拔树这个细节并未在早期儒家典籍中见到，最早是在《庄子》里讲的。有人怀疑这不可靠。

第三是在郑国的“丧家狗”事件。孔子在郑国和弟子们走散了，被一个郑国看城门的人看见，评价说长得像“丧家狗”。

在郑国也没有什么发展的机会，孔子就又到了陈国，住了下来。

但有学者注意到，宋国和陈国是很近的，宋国都城在今天的商丘市睢阳区，陈国的国都在今淮阳。孔子离开卫国后如果目的地是陈国，那么到了宋国就不该再到郑国去。

所以也可以归纳出一条简单化的路线：孔子离开卫国后，南下经过宋国就到了陈国。

孔子到底去了哪个蔡国？

《孔子世家》说，孔子在陈国住到鲁哀公四年（公元前491年），随后去了蔡国，过了一年，孔子又到楚国的叶邑（今河南叶县），见到楚国名臣叶公沈诸梁，就是那个“叶公好龙”的叶公。

这个说法是否符合史实，掰扯起来又有点复杂。

一个小国是会举国搬迁的，搬迁之后，仍然使用原来的国名。于是，地图上就会出现好几个相同的地名。

蔡国刚好是一个搬迁了多次的国家。它本来在今天的河南上蔡，鲁昭公十一年（公元前531年）孔子21岁时，楚灵王灭蔡，三年后，楚平王让蔡国复国，迁到了新蔡（今河南新蔡县）。

鲁定公四年（公元前506年），蔡国做了吴师入郢的帮凶。从此，蔡国和楚国就结下了深仇大恨。现在十几年过去了，在楚昭王的治理下，楚国恢复了一点儿元气，当然要找蔡国算账，我打不了吴国我还打不了你吗？

蔡国当然只有找吴国求救，吴国说我可以救你，但你家太远了，我救不方便，你搬到我身边来，我保护你。于是，鲁哀公二年（公元前493年），蔡昭侯迁都于州来（今安徽凤台县），称为下蔡。

远离故土，实际上蔡国人并不乐意。蔡国贵族里有一大批人觉得楚国再差也比吴国好，因此这时蔡国的内部矛盾也变得极其尖锐。所以，孔子若是这段时间离开相对安定的陈国到蔡国去，根本是在找不自在。而且，从陈国所在的河南淮阳跑到安徽凤台去，这个距离相当远。何况下一年孔子又要见叶公，还要再折回河南叶县，实在太折腾了。

对照《左传》我们会发现，其实鲁哀公四年，叶公正在蔡国故地。

此时，楚国在东部打不过吴国，就意图往北扩张。楚国大军往北推进，灭掉了几个小国，还完成了对当年蔡国的土地上人民的控制，叶公“致蔡于负函”，蔡国国君和主要大贵族走了，还有许多蔡国人留在原地，叶公把这些人搬迁到了负函，也就是今天的河南信阳。

所以有一种把问题简单化的猜想是，孔子并没有到州来的蔡国去，他只是去了当年的蔡国故地，因此会见了叶公。

叶公的这次接收蔡国故地人口行动动静很大，陈国就在旁边，必然高度关注，而且楚军行动之前放了谣言，说吴国人要打过来了。得罪过吴国的陈国必定高度紧张。陈国肯定要派使者去拜会一下叶公，打听下情况。也许是孔子感兴趣，他就跟着去了。

叶公和孔子聊得挺好，但最终还是没用孔子。为了这事，后来的儒生很嫌弃叶公，觉得他空有求贤的名声，大圣人出现在面前，却不知道重用，因此编了“叶公好龙”的段子讽刺他。

“厄于陈蔡之间”的真相

《孔子世家》记载，孔子在蔡国住了三年，遇到吴国讨伐陈国，楚国来救援陈国，驻扎在城父。楚昭王听说孔子在陈蔡之间，就派人来聘请孔子，孔子也打算去拜见楚昭王。

陈蔡两国的大夫们谋划说：“孔子是贤能的人，批判各国的问题都特别精准。他在我们这里已经滞留了很久，我们所推行的政策也不符合他的意愿。楚国可是一个大国，一旦把孔子聘走，令孔子在楚国掌权，我们这些陈国、蔡国的当权派可就危险了。”

于是，他们就发动人马，把孔子包围在旷野中使其无法离开。孔子一行断了粮，追随者身体虚弱也病倒了，站都站不起来，这就是著名的“厄于陈蔡之间”。

但这段叙述当然是故事。“吴伐陈。楚救陈，军于城父。”这是当时一件大事，发生在鲁哀公六年（公元前489年）。

早在鲁哀公二年（公元前493年），蔡国已被迁到州来，距离陈国很远，自然也远离了这次的战场，陈国、蔡国的大夫凑到一起合谋陷害孔子，是根本没有可能的。

《论语·卫灵公》有这样一事：在陈绝粮，从者病，莫能兴。子路愠见曰："君子亦有穷乎？"子曰："君子固穷，小人穷斯滥矣。"

只说陈没说蔡，这可以印证前面的猜想：孔子根本没有去过迁到州来的蔡国，只是到过陈国附近的蔡国故地，作为地理概念倒也可以叫"陈蔡之间"。

孔子在陈国挨饿了，也未必是有人陷害。只是吴国人要打过来的时候，兵荒马乱，人心惶惶，没人顾得上管饭而已。

大概是后人根据《论语》的简单记录创作故事，却忘了蔡国已经被迁走，于是才编出来陈、蔡大夫合谋的情节，又被司马迁收进《孔子世家》里。

这之后，孔子北上返回卫国。《孔子世家》说："是岁也，孔子年六十三，而鲁哀公六年也。"

周游列国啥也没做成？

孔子返回卫国的原因自然是南方动乱，因为晋国忙别的事去了，这段时间对支持蒯聩回国不那么积极，所以卫国的矛盾变得相对不是那么尖锐了。怎样挑一个安全的国家住着，孔子的眼光一向很准。

孔子这时从政建立美好社会的心，大概已经冷了很多。孟子说：

孔子有见行可之仕，有际可之仕，有公养之仕也。于季桓子，见行可之仕也；于卫灵公，际可之仕；于卫孝公，公养之仕也。

在季桓子手下当鲁国大司寇，那时是真有实践政治理想的可能的，叫“见行可之仕”；在卫灵公的朝廷里当官，是希望能有实践政治理想的机会，叫“际可之仕”；至于在卫孝公（即卫出公）那里当官，不过是领一笔收入罢了，这叫“公养之仕”。

孔子这时最期待的，是回到鲁国。

恰好在这个时候，当年和孔子有矛盾的季桓子早已去世，即位的是季康子。而孔子的学生冉有担任季氏家宰，表现好得不得了，已经成了季康子离不开的左右手。

于是在冉有的运作下，季康子同意让孔子回国了。

读《左传》时，我们会发现，季康子愿意让孔子回来，还有一个更重要的原因：季孙欲以田赋，使冉有访诸仲尼。这里出现了一个新概念——“田赋”。《左传》和其他史籍中关于鲁国赋税的信息都很少，宣公十五年（公元前594年）“初税亩”，成公元年（公元前590年）“作丘甲”，都是寥寥数语而已。

学者们的相关研究倒是很多，大致推测是：“税”用于各种行政开支，以土地为单位征收；“丘甲”用于军事开支，以居民点为单位征收（所谓“九夫为井，四井为邑，四邑为丘”）。而田赋则是一个以土地为单位征收的、用于军事开支的新税种。

总而言之，季康子想要加税这件事会激起很大的民愤，所以他需要孔子回来为他的行为“正名”。

季康子让冉有来问孔子，孔子回答说：“丘不识也。”照例，孔子说不懂，就是不赞成。

冉有追问好几次，终于忍不住直说了：您现在是全国最受尊崇的元老，就等您一句话，政策就可以推下去了，您怎么就不开这个口呢？孔子还是不说话，后来才在私下场合对冉有说：君子推行政策，要考虑是否合乎礼。“施取其厚，事举其中，敛从其薄”，翻译过来是，福利尽量丰厚，办事讲究适度，税负不妨减轻，这样的话，只收“丘甲”也就足够了。如果不按礼行事、贪得无厌的话，即使收了“田赋”，将来还是会不够的。季孙如果施政想要合于法度，那么周公留下的典章还在；如果想怎样就怎样，又何必来问我呢？

季康子这时候要加税，其实也很无奈，因为当时吴国成了快速崛起的新强权，鲁国尊吴王夫差做了霸主，就要交给吴国沉重的贡币，不加税他根本拿不出。但孔子说的也不错，几年后，吴王夫差被越国从背后捅了刀子，鲁国外部压力减轻，但已经加了的税成了制度，再也不会免掉了。

所以，季康子不会听孔子的，田赋该推行还是要推行，而且，他也不会再任用孔子了。

孔子晚年最大的事业，只能是编书和教书。对孔子的仕途来说，这是不幸，对中国文化来说，却是大幸。

（文／刘勃）

春秋重大新闻：被中原诸侯长期看不上的秦楚联姻了

在漫长的一段时间里，秦楚两国都处在春秋诸侯圈鄙视链的底端，他们一个是长期出卖苦力，跟西戎人混在一起的落后文明、三四线小国；另一个是“南蛮子”，是中原诸侯全员重点防范的对象。这两个国家为啥突然看对眼了呢？

自古以来，婚姻都是缔结两姓（国）之好的主要手段，《国语·鲁语》里臧文仲说得很清楚：“夫为四邻之援，结诸侯之信，重之以婚姻，申之以盟誓，固国之艰急是为。”秦楚联姻，既有群众基础，也有政治基础。

众所周知，历史上有“秦晋之好”，却不知道，秦晋的好那是玻璃碴里带点糖，秦楚才是真正的合格搭档。那么，秦楚为啥要联姻，他们又到底通婚了多少次？

秦楚为何联姻？

作为两个被边缘化的国家，其实，一开始秦楚真是八竿子打不着。地处陕西的秦国想东进中原，结交的是隔壁山西的晋国，所以历史上有“秦晋之好”的典故。当初，秦国和晋国处在“蜜月期”时，还曾跟着晋国一起去欺负过楚国的小弟鄀国，并抓了楚国公子回去当俘虏，可以说，两国仇大着呢！可是，随着历史推进，或者说随着晋国爱欺负老实人，亲戚成了仇家，而仇家反倒要开始缔结姻缘了。这中间到底发生了什么呢？

关于秦晋的决裂，晋国率先占据舆论风向，写下了《绝秦书》，把秦国说成了不讲信用的“垃圾”。当大家义愤填膺地声讨秦国时，秦国也发声了。在秦国笔下，晋国才是那个“负心汉”，秦晋的交往就是秦国被欺负的屈辱小史。故事是这样的：

第一回合，秦晋联姻，秦穆公娶了晋献公的女儿伯姬。从此，秦穆公掏心掏肺和晋国混，晋国内部乱了，公子流亡，国君空缺，形势一片混乱。于是，流亡在外的晋惠公回国即位。在秦国求助的时候，晋惠公许下若干“空头支票”，诸如送土地送美女之类的，秦穆公差点开心到变形。可是，当晋惠公回国后，以刚回国位置没坐稳为由，各种拖延兑现承诺。秦穆公一等再等，又派人经过几次交涉，终于笑容逐渐凝固，知道是要不到了，只能认栽。

第二回合，晋国发生灾荒，当时诸侯各国都有在灾年救助邻国的义务。所以，晋惠公又一次本着“有困难找姐夫”的原则，跑到秦国买粮。秦国内部展开了激烈的讨论，最终，秦穆公以“晋侯有病，但晋国百姓无罪”为由，还是把粮食借了出去。当粮食一船一船被运到晋国后，晋国人民终于不用挨饿了。可是，灾荒也轮流转，第二年，秦国发生旱灾了。秦穆公第一时间去找晋惠公采购粮食，晋国君臣想了想，这是天赐良机，要我们轻而易举收拾秦国啊。于是，晋国不仅不卖粮，还出兵把秦国揍了一顿。秦穆公气得一口老血喷涌而出。无奈，只能一边质问晋国都是什么垃圾，一边勒紧裤腰带，熬过荒年。

第三回合，当秦穆公熬到吃饱肚子后，第二年就带着军队去找晋国报仇。晋惠公也实在是爱“花样作死”，作到晋国内部人员都对他嗤之以鼻，对他见死不救，于是，秦穆公俘虏了晋惠公。结果，人还没进城，伯姬就一手扛一手抱，中间还拉着一个，带着三个儿子以死相逼。抓个俘虏，却搞得自己家破人亡，这不是典型的赔了夫人又折儿子吗？秦穆公只好放晋惠公回国，留了他的儿子公子圉做人质，并把闺女嫁给了他。可当晋惠公领完人生的盒饭，公子圉也是个白嫖冠军，二话不说丢下老婆孩子就跑回晋国去了。可怜的秦穆公又一次被辜负。

第四回合，秦穆公被晋惠公父子令人窒息的操作气伤，决定釜底抽薪，给晋国换换血，送流亡的公子重耳回国。可是，重耳一回国，名义上两国是合作伙伴，团结对外，实际上，秦国不仅完全沦为晋国的打手，而且，晋国也一直在压制秦国的发展。当周天子遇到困难想请秦晋帮忙时，晋国君臣想都没想，抛下秦国“吃独食”，因此奠定了晋文公的霸主地位。秦穆公则啥都没捞到。

第五回合，也是压死秦国的最后一根稻草。此事说来话长，长话也说不短，且慢表。

此时，秦穆公和晋文公这一代都谢幕已久。秦国是秦康公，晋国的晋襄公刚刚去世。晋国对立谁当国君的问题产生了严重分歧。朝堂两大势力之一的狐射姑支持公子乐，赵盾则支持公子雍。两人互不肯让。狐射姑懒得搭理赵盾，心想，那就学习齐桓公和公子纠来一场时间比赛，先到先得呗。于是派人迎接公子乐。赵盾才不玩这种低级游戏，直接来了一招釜底抽薪，把公子乐在路上干掉了。现在，找回公子雍就可以了。

公子雍在哪里呢？在秦国当人质。赵盾派人把自己的想法告诉了秦国，秦康公很开心，就算不能狠敲一笔，也能趁机搞好关系，连忙答应派人护送公子雍回国。因为有了前面几次不友好的经历，秦康公特意多派了些人手，就怕路上出岔子。

万事俱备，可岔子还是来了。原来，晋国不是没有太子，只是太子夷皋太小，大家不打算立他为国君，但是他的母亲穆嬴不乐意了，先君立的太子，凭啥丢弃他？穆嬴三天两头抱着太子上演哭戏，见人就说自己孤儿寡母很可怜，赵盾都被哭得没办法，只好答应还是拥护原先的小太子。什么？拥立小太子，那公子雍怎么办？公子雍一行对晋国内部临时的转变完全不知情，还一路唱着陕北民歌向山西进发中。

晋国大夫："老赵，我有个问题不知当问不当问，立夷皋，那公子雍怎么处理？"

赵盾："当然是打走啊。之前打算立他，他就是我们的国君。现在我们已经确定国君了，那他就是秦国人派来扰乱我们晋国内部的敌人。对敌人，当然要打啊。"

好家伙，所有人都无言以对。

就这样，公子雍一行还在愉快地往晋国赶，而晋军已经集结埋伏，准备偷袭秦军了，秦军走到了令狐，忽然一群人冲出来一顿砍，秦军毫无防备，被打得措手不及，被切菜似的全剁了，公子雍也被杀死了。因为赵盾的决策，晋国瞬间全员变成了恶人。

见过欺负人的，没见过这么欺负人的。见过不讲理的，没见过这么“不要脸”的！消息传到秦国，秦康公心痛得差点心肌梗死先走一步。自此以后，秦国再不想跟晋国有任何友好往来了，他们只想报仇。秦国的每一位国君在即位之前，都要背诵一遍屈辱历史，并在列祖列宗牌位面前发誓：总有一天要灭了晋国。

虽然实力不如晋国，但秦国咽不下这一口又一口的恶气，逮着机会就要在背后戳一戳晋国的脊梁骨，见缝插针地让晋国不痛快。一次次主动挑衅，一次次吃败仗，秦国也知道，自己单枪匹马很难打击晋国以及它背后的整个中原诸侯势力，于是，秦国想到了一个绝佳伙伴。什么人跟晋国最不对付呢？当然是楚国。

当时的局势是，晋国和楚国都是超一流大国，长期争霸。如果能和楚国谈成合作，晋国自然也不过如此。那么，楚国会答应秦国吗？

从“不服周”到努力挤进中原一线，楚国的联姻对象一直很能说明他们彼时的战略目标。开始，楚国的联姻对象都是隔壁的“汉阳诸姬”，诸如邓、息、江、唐、随、郧之类的小国，因为，那会儿楚国的主要目标是“扫门前”，要把周边收拾干净；后来，楚国开始和周边的郑、蔡、卫、陈等国通婚，这会儿就是已经迈过淮水，开始让中原小国颤抖了；现在早已是晋楚争霸了，秦国的橄榄枝，楚国当然很乐意接下。

在这种“敌人的敌人就是朋友”的圣训下，秦楚开始联姻了。

联姻与合作

有史可查的第一次秦楚联姻，是秦嫁楚娶，一代霸主楚庄王之子楚共王，娶了秦景公的妹妹为夫人。这一次结亲，是地地道道的政治联姻，秦国姑娘才嫁过去，第二年楚共王就一命呜呼了。

30年后秦楚第二次联姻，只不过，这次联姻闹成了丑闻。

当初，楚平王当公子的时候，被派到蔡国担任地方长官，有个姑娘私奔到了他那儿，俩人生了一个儿子，等楚平王即位以后，这个儿子就当上了太子，称为太子建。楚平王对他也算尽心培养，给他找了国内顶级教师，一位老师叫伍奢，是个德行科代表，另一位老师叫费无忌。太子建平时和伍奢关系比较好，这引起了费无忌的极度不爽。等太子建长成少年，费无忌就不怀好意地建议，该给他娶老婆了。楚平王并不知道费无忌的小心思，只觉得太子确实到年纪了，于是罗列了一下周边关系，把太子建的夫人锁定在了秦国。然后，谁提议谁干活，派费无忌全权代理迎娶事宜。

这下，正中了费无忌下怀。费无忌一路敲着家伙打着锣从楚国到秦国，又哼着新学的秦腔回到了楚国，刚进宫，不把新娘送去太子宫，他就悄悄来见了楚平王，力赞秦国姑娘的美貌，劝楚平王自己娶了她。费无忌平生的口水，在那天用掉了一半，终于把楚平王说动了心，准备见见这位秦国公主。不见还好，一见，确认过眼神，是做我老婆的人。

太子建以为是生活终于对他下手了，其实，是费无忌对他下手了。

不过，虽然出了点儿小岔子，但秦楚还是联姻成功。

其实，春秋时期的秦楚应该至少有过三次联姻，出土的文物中，有两个落款为“楚嬴盘”和“楚嬴匜”的器物，据推测，这应该就是秦国在崤之战被晋国偷袭大败后，有心结交楚国，释放了当初鄀之战中俘虏的楚国两个贵族，两国开始有了交往。也就在这一时期，秦国将一位公主嫁给楚成王。关于这一点，清代马骕主编的《绎史》里引用的《诅楚文》有这么一段话可以作为辅证：“昔我先君穆公及楚成王，是戮力同心，两邦若壹，绊以婚姻，袗以齐盟。曰：万叶子孙，毋相为不利。”这里点明，秦楚已经建立盟约，并且互通婚姻了。

由于春秋时期的秦楚联姻，我们看到的资料都是楚娶秦嫁，秦国那边国君的夫人毫无记录，我们也有理由推测，秦楚之间必定不是单方面交往，而应该是互为姻亲。极有可能，也有不少楚国的公主嫁到秦国。只是秦国在整个春秋时期都是边缘化的国家，他们不与中原诸侯建立联系，他们的历史，自己不主动来报备，中原诸侯的史官也就没必要给自己增加工作量了。

好了，已知秦楚有这么多桩联姻，那么，联姻的好处在哪里？

联姻就是联盟，秦楚结盟后，遇到困难就要一起上。在楚成王与秦国缔结关系之后，楚庄王时期，周边的庸国见楚国发生灾荒，想要趁你病要你命，联合戎、蛮濮等各族人一起骚扰楚国。

联军来势汹汹，楚国也有点慌，甚至有了迁都的想法。最后，还是秦国和巴国出兵协助楚国干掉了庸国，“秦人、巴人从楚师，群蛮从楚子盟，遂灭庸”，解决了楚国西南的一大障碍。

合伙打架一时爽，一直合伙一直爽。有了一次美好的往来，再后来，秦楚都看对方很顺眼。秦景公嫁妹给楚共王后，两国更是进入了“蜜月期”。

首先是秦国又想在晋国背后戳一戳，派人请楚国发兵协助。楚国的令尹本来很不赞成，列举了一二三四五条反对理由，但楚共王是个讲义气的人，心里抱着打不过的想法，也还是要出兵帮帮秦国。结果，那场仗正巧遇到晋国发生饥荒，完全没有抵抗能力，秦国人狠狠地出了一口恶气。

其次，楚国想讨伐在晋楚间摇来晃去的郑国，令尹子囊也去秦国请他们出兵。秦国也不推辞，派了右大夫跟随楚国进击。郑国一看，这哪里招架得住，二话不说就举白旗投降。秦楚联军于是调转方向，又去打一心跟着晋国混的宋国。这些动作，对秦楚来说完全同仇敌忾，楚国以打小弟的方式挑战晋国的霸主地位，秦国呢，只要能让晋国不高兴，他就高兴。

当年，晋国发现郑国倒了风向，又一次纠集联军去打郑国，郑国还能说啥？再次举白旗，又跟晋国结了盟。当晋国全军在外的空隙，秦楚一合计，让秦国去晋国本土骚扰，即使不能造成多大伤害，也要侮辱他们一下。于是，秦国两位庶长大摇大摆去晋国，打得晋军大败。

第二年，因为小弟郑国又跑了，楚国又双叒叕地行动了。秦楚再次联军开向宋国。怎么打宋国呢？你打我小弟，我打你跟班，公平呀。秦楚合作得越来越顺手。

等春秋版图东南角的吴国逐渐崛起，晋国有意扶持吴国对付楚国的时候，秦楚的联盟依然固若金汤。甭管楚国的敌人是谁，反正，楚国指哪儿打哪儿，要打吴国就打吴国。听说吴国有准备，两国这才调转“车头”，跑到郑国土地上撒野。联军打得郑国毫无还手之力，抓到的郑国俘虏，楚国人还大方地把他们献给了秦国。楚国不把秦国当小弟，秦国也不对楚国献媚讨好，两国完全是平等的兄弟情谊。

总之，整个秦楚“蜜月期”，秦国跟着楚国，捡到了不少便宜，出了很多口恶气，楚国也因为有秦国的帮忙，在争霸的路上畅通了许多。两国的合作，完全是互利互惠的。

秦楚两国在春秋时代意义最深刻的一次合作，还要算伍子胥带着吴国攻破楚国首都那次。吴国长驱直入，在楚国大搞破坏，年幼的楚昭王只好扶老携幼一路逃到深山老林。楚国的大夫申包胥没有任何楚国官方开的证明，以个人名义翻山越岭只身入秦去求秦国援助。秦哀公本来不打算出兵，可细算了一笔账：一来楚昭王是他外甥；二来，秦楚前面的关系都很不错，休戚与共了那么多年，楚国如果败亡了，秦国的日子恐怕也不好过；三来，申包胥也太能哭了，一连在秦国宫外暴风般地哭泣了七天七夜，终于也感化了秦哀公。

秦哀公把申包胥叫进门，说要给他唱一首歌：“岂曰无衣，与子同袍……”才开始吼第一句，申包胥就秒懂了，跪在地上一连磕了九个响头表示感谢。随后，申包胥带着秦国五百辆兵车的配置前去救楚。恰逢吴国内乱，吴国的世仇越国也在背后捣乱，吴国人无心恋战，在秦楚的夹击下，节节败退，一退就退回了老家。楚国终于得以光复。

收拾完残局，秦国人还顺手跟着楚国去灭了唐国。为什么要灭唐呢？当初吴国人来打楚国时，唐国人的眼睛没有擦亮，或者说不该孤注一掷，把宝全押在吴国身上，跟他们站在同一条战线。唐国的结局就是典型的“做人不留一线，日后永不相见”。

相爱相杀的搭档

此后，历史的车轮滚进了战国，哪怕国际局势完全不一样，秦、楚两国也一直保持了联姻的传统。就像张仪说的：“秦楚娶妇嫁女，长为兄弟之国。”

秦、楚两国在战国时期分别有哪些嫁娶呢？

首先，楚宣王娶了一位秦女，按《史记·六国年表》的记载，楚宣王娶秦女在楚宣王十三年，秦孝公五年，因此推测这位秦女是秦孝公之妹。礼尚往来，互为婚姻，随后，孝公之子秦惠文王就纳了一位楚女，就是历史上鼎鼎大名的宣太后。宣太后在位期间，任用弟弟魏冉，俩人都是秦楚派。虽然秦昭襄王的战略目标是打击楚国，但是，魏冉和宣太后强势期，秦楚的关系一直在被缓和。甚至，在宣太后的主持下，秦昭襄王在位的第二年（楚怀王二十四年），就迎娶了一位楚国姑娘，历史上称为叶阳后。

秦昭襄王时期，楚怀王被秦国扣留，并死在了秦国，这一时期，秦楚两国的关系可以说冷到了冰点，可是，在宣太后等人的紧密斡旋下，秦昭襄王十五年，秦楚两国还是靠联姻缓和关系，新上位的楚顷襄王又娶了一位秦国公主。输出一位，接纳一位，接下来，秦国这边轮到了秦昭襄王的儿子安国君迎娶楚女。安国君的夫人，就是历史上著名的华阳夫人。她虽然很得宠，但没有儿子，在吕不韦一通暗箱的操作下，华阳夫人收异人为养子。为了表达对养母的敬爱，异人还特地改了名字，叫子楚。强行翻译下来就是，楚国人的儿子。也就是这位子楚，后来生出了一代大帝秦始皇。

通盘看下来，进入战国后，秦国除了从怀公到献公那四五代内乱时期，秦楚几乎代代都有联姻。而且，也正是因为秦楚联姻，历史的拐角，就山路十八弯般地拐到了嬴政的隆重登场。从这个角度来说，好像是楚国成全了秦国，成全了秦始皇一统天下。如果没有楚国，没有华阳夫人，安国君娶的是另一位可以生子的夫人，异人就不知道要去哪个犄角旮旯里生活了。秦始皇，或许也只能做秦国普普通通的一个贵族。当然，历史没有如果，所以，秦的统一，或者说在秦始皇这一代人手里被统一，楚国至少促成了很大一步。

可自古就有句话说，楚虽三户，亡秦必楚。楚国似乎生来就是跟秦国为敌的。后来的历史也证明了这句话，或者说，正是因为楚国有这个实力，才有人编出了这句谶语。那么，为什么楚国最终推翻秦国的统治呢？

秦一统六国后，对六国实施了高压政策，强推秦制，但在六国都遭到了各种形式的抵触。但不同的是，燕赵韩魏齐在变法强国的途中，都经过了一系列改革，主要任用的都是外聘的“职业经理人”，有的国家甚至一开始就不靠贵族成员。所以，当国家败亡，“职业经理人”拍拍屁股换个场地就行，而他们剩余的王室成员，团结度和凝聚力都远远不够组织起有力的反抗，只能在背后画个圈圈诅咒。

楚国则不一样，自春秋以来，楚国一直没怎么改变国政，虽然他们也会消灭强势的贵族，比如楚庄王除斗氏，但无论怎么折腾，楚国的大小政事，还是全权交由贵族分管。最亲的王子们分管最大的职务，从令尹、司马，到左尹、右尹，都由王子包揽，再稍微疏远一点的贵族，就会被分派到底下各县、各封地当统治者，所以，楚国的内部虽然可能会腐朽，但遇到问题时，他们完全是心向楚国。所以，屈原在失望后会投江，而不是投奔他国。楚国灭亡后，楚国贵族想的是光复大楚，而不是苟且偷生。扛起倒秦大旗的，只能是楚国。

秦楚，一对孽缘的搭档，锁死了吧。

（文/大梁如姬）

被吴国攻破首都、鞭尸先王后，楚国如何完成复仇，一统东南？

春秋末年，吴国攻入楚国郢都，伍子胥鞭尸楚平王。

实际上，吴军攻破郢都时，楚平王已经病死许久，另一个导致伍子胥父兄被杀的佞臣费无极，更是在吴国入侵前许多年被楚国人自己清理门户杀掉了。所谓的“为伍子胥复仇”，无非是吴国为自己在郢都地区大规模烧杀抢掠寻找一个借口。

在秦国的帮助下，楚国总算是把吴国侵略者赶出了国境。此时大约18岁、尚未及弱冠之龄的楚昭王回到了郢都。面对被吴军蹂躏后残破不堪的国土，楚昭王决心要洗雪耻辱。

楚国从此走上了漫长的复仇之路。那么，楚国是如何实现自己的复仇，最终成为整个东南地区霸主的？

楚昭王的复仇：消灭跟随吴国入侵的小国，正面压制吴国，拯救越国

吴国入郢的战事，把时间线拉长来看，是标准的惨胜。

吴国的胜利离灭楚还相差甚远，只是单纯占领了楚国首都，并没有控制楚国的广大地域，更无法让楚国半独立的诸多封君

效忠。吴国的实力根本不可能消化掉自己新征服的区域，最多通过在楚国核心领土江汉平原上烧杀抢掠一番，最大限度地削弱之。

更关键的是，楚国是硬碰硬地在战场上击败了吴国，把侵略者赶出了国境。秦楚联军击败吴国的战役中，吴军败得相当惨，吴王阖闾也受了伤。伐楚战争中，吴国的头号战将、阖闾的亲弟弟夫概正是听说阖闾兵败又受伤的消息，才赶回吴国境内自立为王，可见此时吴军损失之重。这次吴军入侵的两个盟友是蔡国和唐国。秦楚联军击败吴国收复失地后第二年，楚国攻灭了唐国，唐国从此彻底地消失在史书中。

《左传》如此记载了随后的吴楚战争："四月己丑，吴大子终累败楚舟师，获潘子臣、小惟子及大夫七人。"吴军击败了楚军主力，俘获了大批楚军将官。这次战役后，楚国暂时放弃了继续反攻，吴楚战争告一段落。

这位吴军统帅终累仅有此一条历史记录，之后在史书中无影无踪。苏州吴文化研究所（现称为吴文化研究院——编者注）所长吴恩培先生在《〈左传·定公六年〉吴大子终累解析——兼及吴地文化的历代叠加与层累》一文中，详细对比《左传》和《史记》两书对公元前504年吴楚大战的描述，最终得出结论：夫差就是终累。正如阖闾登上王位前被称为"公子光"，"公子终累"应该是夫差登上王位之前的称呼。

在吴恩培先生研究的基础上，我们可以厘清混乱不堪的阖闾继承人问题：阖闾的长子早在伐楚战争结束前就已经夭亡，死前有没有被立过太子无法确证。此时夫差已经被确立为太子，又有大破楚军迫使其迁都的军功，继承人位置是相当稳定的。

在平定夫概叛乱又再度击破楚军后，吴国整整八年没有被记载于册的事迹，可见伐楚战争中吴国国力损耗巨大。公元前496年，吴国和越国开战，意外的是，吴军遭遇惨败，吴王阖闾在这次战役中受伤，不久就死了。夫差成为新的吴王，也成了楚昭王的复仇对象。

早在几十年前，有一些百越部落曾加入楚伐吴的联军。后来，越国成长为一个不容忽视的力量，并在吴军主力深入郢都时出兵攻吴。在一举击败吴王阖闾后，新继位的越王勾践声名大噪。楚昭王决定娶越王勾践的女儿为正妻，随后将越女所生儿子立为储君。通过这种方式，楚国和越国形成了亲密的反吴同盟。

吴王阖闾死后，各方都在厉兵秣马，准备下一轮战争。出乎意料的是，新的战争是以越国先发制人、长驱直入从水路入侵吴国开始的。吴越此次战事的主要战役为夫椒之战，战场在今日太湖中的东西山岛，已经逼近吴国首都。孤军深入的越军惨败之后，反击的吴军也深入越国境内，吴军甚至追到了越都会稽城。

关于这期间吴国对战败方越国的处置问题，已经有过太多的讨论。传统的观点认为夫差妇人之仁，甚至衍生出他贪图西施美色的故事；有的人认为勾践还有着几千死士，并且能向西进山打游击，孤军深入补给困难的吴军难以彻底消灭他；也有的人认为吴国就算灭亡了越国也无法控制宁绍平原，还不如扶植一个已经被打服、暂时听话的附庸国。后两种说法都有相当的道理。

但是有一个原因很少被人关注到：楚国此时已经完全恢复了元气，吴国在淮河流域和楚国争夺的前线全面崩盘，吴军不可能在越国地界驻留很久。

夫差即位之后，楚昭王相继灭亡了顿、胡等昔日附庸的小国，大概是因为这些国家在吴师入郢的战争中给吴国提供了帮助。夫椒之战时，楚国明确打着“报蔡国跟随吴国之仇”的旗号，开始进攻吴师入郢的始作俑者、现在是吴国在淮河流域最铁杆小弟的蔡国。蔡国最终战败投降，楚国掠走大量蔡国人口后扬长而去。

也就是说，吴国击败却还没彻底打垮楚国的铁杆盟友越国时，自己的铁杆盟友蔡国已经被楚国打到投降了。在这种情况下，接受勾践的有条件投降，让他作为附庸继续存在，的确算是那个时候吴国的最佳选择。所以，楚昭王的这次行动，可以说是剥夺了夫差在处置越国时的更多选项，间接拯救了越国和自己的老丈人勾践。

蔡国赶忙向吴国求助，吴国选择讨伐跟随楚国伐蔡的陈国。楚昭王派兵救陈，夫差不得不撤退。在这种情况下，蔡国被迫向东迁都。在夫差的支持下，蔡国从原来淮河上游的新蔡迁徙到淮河中游吴国控制下的地区，史称“下蔡”。蔡国依靠吴军的武力保护完成了迁都。几年后，楚军又绕过下蔡，攻占了下蔡东边的夷虎部落。

夫差在这轮淮河争夺战中完败给楚国，淮河上游的盟友蔡国被楚国吞并，蔡国被迫迁徙到了淮河中游吴国控制区，并且内部陷入动荡。至此，楚昭王基本完成了对吴国当年入郢时的另一个盟友蔡国的复仇。

夫差咽不下这口气，又无力收复地盘，只能再次攻伐跟随楚国伐蔡的陈国。楚国再次出兵救援陈国。正在此时，30岁出头的楚昭王病死了。在楚昭王收复郢都后的16年时间内，他完成了对唐、蔡这些曾经跟随吴国入郢的小国的复仇，也吞并了顿、胡等在楚吴之间骑墙的附庸小国，在淮河流域的争夺中压制了宿敌吴国。因为他的节节进逼，夫差在大破越国时无法久留彻底消灭勾践的残余力量，被迫接受勾践的求和。楚昭王死后，他和勾践女儿所生的楚惠王即位。楚惠王年幼，向吴国复仇的重任落在了楚国辅政公卿身上。

吴国北上扩张：楚国继续经略淮河流域

楚昭王病死了，继位的楚惠王是勾践的外孙，还只是一个幼童。吴国在这一方向的压力短期内得到了缓解，获得了一段发展真空期。

吴国朝堂上开始有了两派截然不同的观点：南下继续蚕食越国，或者北上。这个争论的两个选项本身就很有意思，因为它们都把“西进”继续讨伐世仇楚国排除掉了，意味着吴国朝野上下都默认，哪怕楚昭王病死，自己也无力打破目前吴楚之间的新均势。

这时出现了一个看似天赐良机的巨大诱惑：统治齐国大半个世纪的君主、夫差曾经的老丈人齐景公病死了。诸大夫发起政变，齐景公指定的继承人被杀，齐国陷入内乱。从夫差视角来看，齐国的乱局简直是上天赐给他的礼物，他决定立刻带兵北上，在北方拓展领土来缓解自己的战略困局。

夫差此次北上的目标，大家往往集中于“争霸”这个空泛的话题上。实际上，夫差北上的目标，既不是为了虚无缥缈的“霸主”之名，也不是单纯的好战，而是与战国中后期北进的楚国一样，看上了宋、鲁、泗上小国们的财富和地盘。这些诸侯军事力量相对薄弱，但是却有雄厚的经济实力。司马迁在《史记·货殖列传》所列举的为数不多的地方商业都会中，宋国就占据了三个，包括战国时代最知名的商业中心陶邑。

这些地方之所以能作为独立势力存在很久，很大程度上是因为他们处于齐、晋、楚三国中间的位置。现在吴国北上，晋国名义上属于盟友，何况此时晋国内部卿大夫们争斗不休，君权本身摇摇欲坠，即使有所不满也不至于直接干涉。楚国主少国疑，又要消化淮河中上游的新占土地，也暂时不会干预吴国的北上。只有齐国，虽然齐景公死后政治局势混乱，但是鲁地和泗上小国都是他们自认的传统势力范围，吴国北进的话，他们无论怎样都要打上一仗。最终，吴国击败了齐国，顺利地在北方扩大了势力范围。

吴国北上经略虽然获得了成功，但是意味着他在外交上已经被彻底孤立了。伍子胥正是预见到伐齐后这种全方位的树敌会导致吴国陷入四面树敌的境地，才反对北上战略。

楚国此时已经度过了权力交接的真空期，辅政班子齐心协力，继续楚昭王时代在淮河逐步推进的路线。就在艾陵之战前一年，楚国讨伐陈国。陈国以前是楚国铁杆小弟，楚昭王死后大约倒向了吴国。吴国派出军队增援。按照《韩非子·说林下》的记载，吴国派去救陈国的部队在连续十日大雨结束后计划星夜行军偷袭楚军，结果看到楚国人严阵以待，被迫返回。楚军左史认为吴军往返60里，必然要休息和饮食，楚军追击30里可以轻松地击败吴军。楚军统帅认可这个观点并下令追击，不久大破吴军。

在艾陵之战击败齐国后，吴国或许准备再次和楚国摊牌。但在和楚国开战之前，吴国必须处理好与长期盟友，同时也是昔日老大哥晋国的外交关系，这就有了黄池之会。学术界对黄池之会到底是晋国还是吴国主盟的争议也是至今不断，其实这并不重要。黄池之会的意义在于，吴国让以晋国为首的中原国家承认了之前吴国在宋、鲁、泗上诸国等地扩张的既成事实，吴国和晋国实现谅解并保持双方名义上的盟友地位，稳固了和中原各国外交关系的夫差，下一个目标就是掉头对付此时正在准备灭亡陈国的楚国。

楚国联越灭吴：大仇得报，在随后瓜分吴地的行动中成为最大赢家

公元前482年，正当吴国在黄池和晋国为首的诸侯会盟时，做了吴国12年忠实附庸的越国突然发难，一举偷袭攻破姑苏城，杀掉了留守的吴太子并对城内大肆破坏。最后，夫差被迫向昔日的附庸越国求和，付出了巨额赔款后，越国把已经残破的姑苏城

还给了他。

“十年生聚，十年教训”的神话已经广为流传。但是，从吴国深入越地、扫荡宁绍平原，到此时勾践偷袭姑苏，加起来也就12年。勾践再怎么鼓励生育，此时的新生儿都还是未成年人。勾践之前退守会稽山只剩下几千人，突然复仇，竟然动员了“习流二千人、教士四万人、君子六千人、诸御千人”，近5万名士兵。

这是什么概念呢?《国语》中越军出征姑苏前，勾践进行思想动员时，估计夫差的士兵总数大约是十万三千，这是吴国全部的账面总兵力。夫差北上黄池时带去的精锐野战部队不过三万人。也就是说，越国突袭吴都，动员的机动兵力远远超过了吴国带去会盟的兵力。如此庞大的军队和支撑远征的物资是从哪里来的？答案是楚国。

楚国扶植越国，早已是吴越史研究中的基本结论，以大夫文种为首的越国上层文官基本都是楚国人。但是很少有人注意到，这支偷袭姑苏的越军里竟有大量楚军直接参战，维持如此大军的物资也有楚国的大力支持。《韩非子》谈起这次战事时说勾践“索卒于荆”,《吴越春秋》里，勾践临死时更是说“从穷越之地，籍楚之前锋，以摧吴王之干戈”。楚国不但出钱出顾问，还直接借了大量兵力给越国，并且在攻破吴国的战斗中起了主要作用。

再看此时的国际形势，我们不难理解楚国的策略。吴国和楚国在淮河流域的争夺一直没停歇过，楚国暂时占了上风。如果吴国和晋国为首的中原诸侯完成了会盟，在北方获得大量资源的夫差再全力经营淮河流域，楚国面临的局势将急剧恶化。所以，在吴国忙于会盟时全力一击，是楚国最好的策略。

如果楚国直接沿着淮河或者长江东下攻击吴国，那么夫差有足够多的反应时间，楚国必须先战胜吴军的精锐主力才能获胜。但是吴国背后的越国却是夫差的软肋。越国有梦想复仇的勾践，有以文种为首影响力巨大的楚国顾问团，楚军借道越国境内，可以很快到达吴国首都姑苏。

从另一个角度看，吴国上下并不是只有伍子胥能看出越国的潜在威胁，夫差也从来没有忘记过背后的越国。《史记·仲尼弟子列传》中提到，夫差准备伐齐前，考虑对越国进行一次预防性战争，这次北上会盟夫差也让太子带兵留守首都。真正出乎吴国意料的是大批楚军借道参战，楚越联军的兵力过于强盛，所以对留守部队构成了压倒性优势。

公元前480年，也就是楚越联军首次攻破姑苏两年后，楚国单独在南线对吴国发动大规模进攻。楚军摧枯拉朽，一直推进到越国的西部边界。

吴国遭到了极大的破坏，大饥荒随之而来。夫差甚至解散一部分军队去东海边捕鱼，以求度过粮食危机。曾经在破楚、攻越、伐齐等一系列军事行动中留下善战之名的吴军，到这个时候已经衰弱不堪。在随后的笠泽之战中，越军击败吴军最后的机动部队。两年后，越军进一步进围姑苏城，在三年的血腥围城战之后，公元前473年，姑苏城破，夫差自杀，吴国彻底灭亡。

越人攻占姑苏城的围城战，以及战后的屠杀、掠夺和破坏，惨烈程度堪比罗马人夷平的迦太基。越人对姑苏城附近的破坏如此彻底，以至于古吴国的印记几乎被彻底消除。两百年后的战国末年，楚国春申君被封到吴地时这一区域仍然被称为“吴墟”。

楚国和越国如何瓜分吴国遗产？勾践攻占的吴都姑苏就在吴越边境不远处。占领这里后，他自然要继续北上，接收吴国更多的遗产。《史记》中有两种完全不同的记载。

《史记·越王勾践世家》写道：“勾践已去，渡淮南，以淮上地与楚，归吴所侵宋地于宋，与鲁泗东方百里。当是时，越兵横行于江、淮东，诸侯毕贺，号称霸王。”仿佛勾践获得了比夫差鼎盛时候更大的霸权，把吴国侵略的宋国、鲁国、泗上小国的土地全部还给了他们，还把“淮上地”送给了帮助自己灭吴的楚国，一副大方而仁义的霸主形象。

《史记·楚世家》对这一阶段说法截然相反：“是时越已灭吴，而不能正江淮北，楚东侵，广地至泗上。”也就是说，越国灭亡吴国之后，无力控制江淮流域，楚国大举东侵，把这些地方几乎吞并了，随后一直把领土扩张到泗上。按照这个说法，勾践这个霸主的含金量就相当存疑了。

《韩非子·说林下》对这段历史也有自己的记载。越国灭吴后，“豪士死，锐卒尽，大甲伤”，可谓元气大伤。为了分到更多吴国遗产，越国做出一副想借楚国的力量继续北进和晋国争霸的样子。楚国却看出越国在虚张声势，抓住时机出兵，在瓜分吴国遗产的行动中吞下了精华的两淮地区大部。盛怒的勾践想和楚国决裂，却尴尬地发现实力不够，所以乖乖地认了栽。

实际上，在扶植越国灭吴的同时，楚国的东扩脚步一直没停过。公元前479年，楚国终于灭了陈国，彻底奠定了自己在淮河流域的优势地位。此外，史书曾经记载，越国在发起灭吴之战前一年的公元前476年曾经攻打楚国，《左传》称之为“误吴”，也就是为了掩藏自己灭吴的意图假装攻楚。勾践此时的确没有攻楚的动机，然而《左传》在这里的判断明显错误了，至少楚国人并不像左丘明那样认为这次攻击是越国人和自己联合忽悠吴国的。公元前480年大破吴国后，楚国的势力已经到达今日皖南地区，距离越国核心的宁绍平原已经近在咫尺。越国此次攻打楚国，更可能是边境一些越人部族在楚国压力下的擅自行动。边境越人部落攻击楚国后，楚国毫不留情地予以反击，《左传》说：“夏，楚公子庆、公孙宽追越师，至冥，不及，乃还。秋，楚沈诸梁伐东夷，三夷男女及楚师盟于敖。”楚军追击越军未果，在越国边境以南地区长驱直入，今日温州、台州一带的“三夷”和楚国在浙南滨海的“敖”地结盟，楚国及其附庸的势力已经贯通了整个浙南。早在吴国灭亡前，楚国已经对越国核心的宁绍平原从西、南两个方向构成了威胁。

勾践灭吴后，赫然发现自己面临的局面极为不利。一方面，虽然灭亡了吴国，但是吴国最后的顽强抵抗让越国损失惨重，姑苏为核心的苏南地区大幅度衰退，越国战后所得甚少。另一方面，利用自己和吴国死磕的机会，楚国不但完成了对自己的战略包围，还夺取了灭吴之战中最有价值的战利品——淮上地，加上之前吞并的陈国等地，现在楚国隐然已经有全取东南之势。

至此，楚昭王和他留下的辅臣们完成了楚国复仇大业。到公元前447年，最后一个仇敌蔡国的残余势力也被楚国彻底吞并。更重要的是，在最难的灭吴问题上，楚国有效地利用越国，无论是借道还是最后的死磕，勾践都更像一个工具人，楚国却在战后的土地分配上得到了最大的好处。

尾声：越国灭亡，楚国全据东南

勾践作为一代雄主，自然不甘心屈服于如此恶劣的局面。他选择继承吴王夫差的北进政策。越国早期核心地盘宁绍平原位置太南，苏南地区在战争破坏后又暂时无法作为基地，勾践干脆向北迁都到北边滨海的琅琊。除了迁都，勾践还赐死了楚国代理人中影响最大的大夫文种，范蠡等一批楚国顾问也被驱逐或清洗。

值得注意的是，越国第一次占领姑苏城时有近5万士兵，此时勾践能带到琅琊的只有8000人。除曾经助战的楚军离开外，许多百越部落也脱离了勾践的控制。对他们来说，勾践只是他们反吴的盟主，现在吴国已经灭亡，他们没必要继续跟着勾践去千里之外送命。勾践北迁时的力量比起他灭吴后已经大为削弱，北迁后的越国对于发迹之地宁绍平原的控制也逐步丧失了。

楚国占领了淮河中上游大部分土地，宋、鲁等国也收复了吴国占领过的地盘，勾践和他后人北上后经营的空间很小。随着齐国在田氏上台后实力上升，越国在北方的经略更是日渐困难，并且发生了多次宫廷政变。内讧之下，越国变得更虚弱，又被迫把首都迁回到苏南平原的吴国故地。越国早期位于宁绍平原的核心领土，已经脱离了北迁的越王国，由勾践的其他后裔统治着。

如此残破分裂的越国，楚国吞灭之简直不值一提，甚至连越国灭亡时间都有两种相差了一代人的不同说法，这足以说明越国灭亡前国家地位的无足轻重。不过，恰恰因为越国的组织极为粗糙低效，部落化程度还很高，在越国嫡系被楚国灭亡后，勾践的许多南方支系后代能够幸存下来。这些支系和被辐射的百越部族一起继续统治东南沿海地区，直到汉武帝时才被统一到中央王朝中。

（文/黑色君）

夫差为什么会放过勾践？真的因为西施吗？

公元前494年，吴王夫差在夫椒之战中大败来犯的越军后，乘胜长驱攻入越国腹地，越王勾践仅剩5000残兵退保会稽山。

大好形势之下，吴国君臣却就如何处置越国发生了重大分歧——以伍子胥为代表的一派，指出越国“与我同壤而世为仇雠”“三江环之，民无所移，有吴则无越，有越则无吴”，生存竞争的矛盾不可调和，主张乘势灭越；而太宰伯嚭一派则认为“闻古之伐国者，服之而已。今已服矣，又何求焉”，主张按中原争霸的规则办，接受越国的求和。

经一番激烈争论，吴王夫差最终采纳伯嚭的意见，接受了越国的求和。此后，夫差又对越国长期采取怀柔羁縻的政策，让越王勾践得到了“十年生聚，十年教训”的战略喘息期，最终成功翻盘，灭吴取霸。

后世史家，多将吴国之败归咎于夫差在会稽山下的这次决策错误。很多人实在看不懂夫差和勾践这两大高手对弈的棋路，他们又勇于替古人分忧，于是便列（编）举（排）出了一大堆干扰夫差决策的花边八卦，比如说，伯嚭被越国的糖衣炮弹击倒、夫差本人惑于女色刚愎自用等，硬是将越国的公关运作和战略忽悠拔高到了中国史上的顶尖水平。

历史就这么简单？非也非也。

吴越之争，由来已久。

史书记载，越国自称夏禹之后，为少康庶子封于会稽，以奉守大禹之祀者。

吴国则为姬周之分支。史称周太王欲传位给小儿子季历之子姬昌（即周文王）。季历长兄太伯、次兄仲雍遂主动推贤让能，托词采药而离国南奔，远走江淮流域建立了吴国（参见《史记·吴太伯世家》）。

吴太伯十九世传至寿梦，吴国始强。

吴、越二国的上层统治者，虽都从中原南迁而来，但凭借文化或武力优势征服了当地土著建立起国家。越国作为南迁的先行者，而生存空间又遭到后续络绎而来、拥有更先进文化以及农业与军事技术者的不断挤压。

至吴越相继崛起之际，两国间的地理形势大致如此——吴国立国于江淮流域，其核心区为富庶的太湖平原；越国则被挤压进了钱塘江和杭州湾南岸之间，一片东西向的狭长海岸平原及其以南山地。

这片狭长的海岸平原，西起杭州湾喇叭口（在杭州兴起之前，以会稽/绍兴为中心），东至宁波海岸，即今之宁（波）绍（兴）平原。这片平原由钱塘江、曹娥江、姚江、奉化江、甬江等多条江河冲积而成，肥沃而适于稻作。

从宁绍平原再往南，即进入浙西南山地，为龙门山、会稽山、四明山等山系切割成无数小碎片。当时居住在这片山地的越族因地理阻隔而极其分散，故被称为“百越”。时至今日，浙江仍然“十里不同音，百里不同语”。

对越国而言，宁绍平原是其最后一块平原根据地，若失去这块平原，就只能向西、向南退入浙闽山区。山地既不适宜稻作农耕，贫瘠的产出也不足以支撑大规模的人口聚落，无论是政权规模、军事组织，还是以冶金、铸剑为代表的手工业技术，都将迅速而全面地退化。一言以蔽之，若失去宁绍平原，越国就要遭受降维打击，从奴隶制到封建制过渡期的文明程度，跌落回蛮荒的部族时代。

可预期的最好结果，也不过是在群山环绕的金衢盆地继续维持一个规模极有限的小政权——比“夜郎自大”中的夜郎国好不了多少。

越族历史上至少两次遭受过这样的降维打击。

第一次是自然灾害。考古发现，从河姆渡文明较高水平的水田稻作至越国早期粗糙的旱地农业之间，就曾有一次明显的文明退化断层。断层的原因，就是距今7000—6000年前达到最高峰的“卷转虫海侵”事件，海平面上升破坏了宁绍平原的农耕基础，导致河姆渡文明大幅度退化，即《吴越春秋》所载古越传说“乃复随陵陆而耕种，或逐禽鹿而给食”的情况。

第二次则是军事失败。战国后期楚国攻越，设郡江东，越王在楚军逼迫下“走南山”（即退入浙南闽北山区），《史记·越王勾践世家》记载，“越以此散，诸族子争立，或为王，或为君，滨于江南海上，服朝于楚”。越王退入山区后，族群分散，政权瓦解，越国再也没能翻身。

鉴于宁绍平原关乎国运兴衰，故越国建都于平原西端头之会稽（即今绍兴），以“君王死社稷”的姿态保卫这一核心区域。

从人类历史的规律来看，但凡两个文明的核心区之间存在一条狭窄的陆桥，则这条狭窄陆桥的两端必是战争频发之地。

原因很简单。无论哪一个文明强势起来，都必然尝试在陆桥的对面建立一个桥头堡——既有利于拱卫己方核心区，又有利于伺机向对方核心区出击。弱势方也必须拼死阻止这一企图，因为控制住陆桥的狭窄出口，是阻止对方袭扰最省力的办法。

以中国历史为例，如雁门关之扼阴山孔道，山海关之扼辽西走廊，都是典型的陆桥防御。宁绍平原与太湖平原之间，恰好就有这么一条狭窄的陆桥，即杭州湾喇叭口顶点，在天目山、龙门山与海岸线之间由钱塘江冲积而成的一小段狭窄陆岸——这块地儿，当时称之为钱塘，后世称之为杭州。

也就是说，因为有了杭州，苏州人跟绍兴人便无法和平相处了。对占据宁绍平原的越国而言，若能从钱塘陆桥硬挤过去，夺据太湖以南的杭（州）嘉（兴）湖（州）三角平原，不但相当于给宁绍平原上了双保险，而且有了与吴国隔太湖对峙的本钱，还随时都能威胁吴都姑苏——这是多么诱人的一件事！

但严酷的事实是，吴国实力远强于越国——看看地图上两家的平原面积就能大概明白。两个同质化的农耕国家，平原面积基本决定了农业产出，进而也就决定了人口基数和可供养的军队上限。吴国当然不能容忍越国北上控制杭嘉湖平原。然而吴国也有它的难处。虽然吴国更强一些，但它西邻强楚，北邻霸齐，在两个主要方向都有强大威胁，无暇来细细收拾越国。因此虽然吴国强而越国弱，但吴国反而长期对越国采取防御姿态，基本上是你不过钱塘江，我可以不理睬你；但若过江靠近太湖，那就必须往死里打！

所以太湖以南、钱塘以北的杭嘉湖平原，就成了两国常年拉锯作战的修罗场。这就有点像一战中的英德海军战略，德国拼命想冲出北海，英国则竭力堵住不让它冲出去。只有捋清了吴越之间的地理形势和各自的关注点，才能理解两国的战略抉择。

公元前584年，晋国接受楚国叛逃大夫巫臣的建议，与吴国通使，结成了针对楚国的军事同盟。虽然中原史官站在晋国人的角度，将吴国的崛起全部归因于巫臣父子所教授的车战之法，但从吴国崛起的历次战役史料看，新兴的步兵才是吴军的绝对主力，车战的记录倒是无处可寻。

晋吴联盟之于吴国，更大的意义是使得它减少了一个主要的防御方向：可以把与晋国同属一条战线的北方大国齐、鲁从假想敌名单里剔除。想想看，要是1870年的普鲁士背后有个虎视眈眈的俄国，这普法战争还能打得起来吗？与晋国结盟后，吴国一方面高调派遣王子季札北上中原，与鲁、齐、郑、卫、晋等国展开外交；另一方面，则频频在楚国东线搞事情，伐楚、伐巢、伐徐、灭钟吾、入州来，分化瓦解楚之属国唐、蔡，等等。

晋扰其北，吴扰其东，搞得楚国疲于奔命。楚国当然也要思考对策。而最简单的办法，就是依葫芦画瓢，扶持吴国的南方宿敌越国，把吴国从齐、鲁削减下来的战略负担再加回去。既有地缘死结，又有历史血仇，还有两个超级大国的幕后怂恿，吴越关系自然剑拔弩张。但吴越早期的战争记录相当模糊。虽然史载公元前544年（鲁襄公二十九年）之前，吴越就发生过战争——吴国用这次战争中抓获的越俘看守船只，结果这些奴隶俘虏却伺机刺杀了吴王馀祭——但战争的原因和经过并不清晰。

公元前537年，楚国联合越国等伐吴。公元前514年，吴公子光弑君自立，是为吴王阖闾。他在楚国亡臣伍子胥、伯嚭，齐人孙武等人的帮助下，整军经武，积极筹划伐楚。几乎同期，越王允常也在楚国的支持下发展壮大起来。

公元前510年，吴王阖闾发起了一次伐越作战，破越军于携李。携李在今嘉兴以西，太湖之东南，距吴都姑苏直线距离不足百里——所以阖闾此役，或是为了在伐楚之前先解除近在咫尺的越国威胁。这次战役的过程与结果均不详，但从四年后阖闾敢放心大胆地倾巢而出远征楚国来看，越国应当吃亏不小，很可能丧失了杭嘉湖三角区，甚至已经退过了钱塘区。

公元前506年，吴国出兵3万，联合唐、蔡两国攻楚。吴军在柏举之战大败楚军主力，随即穷追不舍并“五战五胜”，直入楚都郢。但入郢之后，吴国兵力不足，无力控制辽阔的楚国腹地，吴国君臣又贪恋郢之财富和女色不肯撤军，逐渐陷入被动。

接下来连续发生了三件事，让吴国灭楚之冀望彻底破灭。一是秦国派兵援楚，在沂邑击败吴军；二是吴军大将、阖闾之弟夫概率军回国并自立为王；三是公元前505年春，越王允常趁吴国内空虚之机伐吴。

在内忧外患之下，阖闾只得放弃楚国，班师回吴。夫概不是其兄的对手，兵败出逃楚国，吴国基本安定下来。越王允常的偷袭未完全得手，但吴国在接下来的一年中忙于应对楚国的反攻报复，暂时也无力大举攻越。虽然史料不载，但双方显然是达成了停战协议，越国重新控制了杭嘉湖三角区。但伐楚功亏一篑这笔账，阖闾是不能不找越国算的。

九年后（公元前496年），越王允常去世，勾践继位。吴王阖闾趁机伐越，双方再次战于携李。史书对此战记载详细，勾践以死士三行自尽于吴军阵前，吴军因阵型扰乱而落败，吴王阖闾被越将灵姑浮用戈击伤脚趾，感染而亡。如前所述，携李与吴都姑苏近在咫尺，脚程一日可达。但获胜的越军并未乘胜追击，估计其损失也相当惨重。吴军方面虽云战败，但阖闾死处距携李仅7里，可见吴军是小却而非溃退——很可能是因为阖闾受伤后的混乱所致。

第二次携李之战，越军最拿得出手的战果，也就是阖闾的脚趾头和鞋。但击杀一位名震天下的老英雄，足以让新登王位的勾践飘了，他被这一充满偶然性的胜利冲昏了头脑，竟觉得百战之师的吴军也不过尔尔。

经一年多的休整后，勾践于公元前494年初主动攻吴。这一次，越军没有走陆上的老路。

勾践想打夫差一个措手不及，企图穿越太湖直扑姑苏，结果却与拥主场之利、水战经验又更为丰富的吴国水军遭遇于太湖东侧之夫椒山水域，轻敌冒进的越军遭到惨败。吴军则祭出对楚作战的穷追绝招，竟一路长驱将溃退的越军撵过了钱塘——连钱塘天险都不守了，可以想见溃退中越军之张皇失措。

一旦钱塘弃守，宁绍平原就更无险可守。所以在溃过钱塘之后，勾践就要面对一个事关生死的问题了——接下来该往哪里去？

如前所述，宁绍平原是一条东西向的S形狭长带状平原。摆在勾践眼前的有两条路。

一条路是沿着平原的S形方向逃，从绍兴一路狂奔到宁波，如果对手还跟着追来，那就只好上船出海了。一千多年后的宋高宗就是这么跑的，那次追他的是“搜山检海”的金兀术。另一条路则是从宁绍平原的西端头上山。如果手里还有一定的兵力，对手倒也不敢在干掉自己之前就钻进S形平原腹地里去，因为那很可能被斩断后路。

勾践选择了后一条路，率残兵“五千”上了会稽山。会稽山本就是越人的发祥地，不仅群众基础和物质基础都好，而且身后还有群山沟壑可供回旋，至少短期内吴兵难以捕捉。

所以勾践大胆向夫差提出了和谈的希望。在初期的接洽中，双方都在互相试探底牌。勾践最大的和谈本钱，所谓“余兵五千人”，源于越国谈判代表文种的单方说辞。从越军溃退的情况来看，连钱塘天险都无力防守，勾践手里究竟还剩多少兵力其实相当可疑。吴国伐楚之战，倾国投入的水陆之军才不过3万人。况且此后征战损耗，疮痍不断，这次对越作战，显然也很难超过伐楚之战。夫椒之战又是一场恶战，吴军虽胜，损耗也实在不小。战后又从太湖之滨穷追数百里至会稽山下，掉队失散的士兵又不在少数，已成强弩之末。

勾践对吴军的情况并不陌生，他手里要真有5000甲士，就算不守钱塘，诱敌深入会稽山下也足可反击了——然而他就是不打，却带着5000大军上山蹲着，还一门心思地请降。无他，如前所述，即便是近现代的农耕水平，山地的物产也不足以养活大军，更何况是春秋之吴越！

所以文种是在使诈。他的算盘打得很清楚，吴军总数不过3万左右，除战场损失外，剩下的也不可能悉数攻越，毕竟西边还有楚国成天想要报仇呢！能攻到会稽山下的吴军充其量万把人。若勾践手里还有5000敢拼命的甲士，客场作战的吴军仅凭万把人，毫无必胜的把握了。

但是文种低估了吴国君臣的战争经验，尤其是伍子胥这样的老手——都输成啥样了？还5000甲士？5000扛木棒的民兵你这会儿都不一定凑得齐。伍子胥毫不犹豫地否了越国的初次和谈提议。诈和不成，只好装可怜了。第二次还是文种出马，这回找了伯嚭，先送上“美女宝器”再开口说话。西施是不是在这批美女之列，史不可考。但西施的籍贯诸暨，是一个重要信号。诸暨恰好就在勾践打游击的会稽山与龙门山的峡谷之中。贡献一个诸暨美女所释放出的信息，表示勾践的越国政权仍能在浙西山地得到百越部落的支持。“宝器”则透露出，越国在财政上还有办法，还不至于马上崩盘。

整个信息链串联起来就是：勾践手里还有一定兵力，逼急了可能拼死一搏；山地里的百越部落仍然支持他（能得到粮食和兵员补给）；越政权还有施政能力，物质上还能维持一段时间。

以上三条，正是入郢之战后楚国得以复国的原因，眼前的吴国君臣恰好都上过这一课——灭国并不容易。如果民心不弃，即便征服一个国家也难以有效利用，反倒虚耗人力物力。如果战事旷日持久，其他国家就会趁机在背后捅刀子。对于西、南两线受敌的吴国而言，只能打速决战。击败一个对手后必须迅速收回拳头，否则就要第二次吃入郢之战的亏。如果能够一劳永逸地把这个敌人变成朋友甚至盟友，那就更完美了。所以伍子胥只看到了对手诈和，没有把握到吴国自身的迫切需求。他完全没有搞明白夫差的意图——夫差要干的，就是诸葛亮的“七擒七纵”。

吴越最终协商出一个双方都能接受的方案——勾践夫妇及重臣入吴为臣妾（毕竟吴国要给国民一个场面上的交代），越国退出部分土地（具体让地之情况，史无明文，但可推测。杭嘉湖三角区、钱塘天险和宁绍平原西端桥头堡是必然要交出的。这些让出地，后又部分退还给越国），文种代替勾践经营越国（正是这一条，为文种埋下了杀身之祸）。

这个条件，对越国并不算苛刻，勾践夫妇入吴后也受到优待。选择客卿文种掌国，不选择勾践的兄弟子侄，也有防范发生越国版夫概之乱的深意。

从整体来说，从议和条件到后续处置，都充分表达了吴国希望长久和平的真实意愿。如果不是夫差一意孤行远征中原，又适逢吴国遭遇灾荒，吴越永久和平也许真能实现。

（文/江上苇）

战国争雄

“楚”是战国七雄之一，为什么后来的政权很少再以“楚”为国号？

夏商与西周，东周分两段；
春秋与战国，一统秦两汉；
三分魏蜀吴，二晋前后沿；
南北朝并立，隋唐五代传；
宋元明清后，皇朝至此完。

这首《中国历史朝代歌》，是我们中小学阶段必学的知识之一。但是，简单的朝代歌中略去了许多分裂时期割据政权的国号，如十六国的前赵、后赵；前秦、后秦、西秦；前燕、后燕、南燕、北燕等，如南朝的宋、齐、梁、陈，北朝的北魏、东魏、西魏、北齐、北周。这些割据政权的国号，经常会使用秦汉以前的名称，其中尤以战国七雄为主。可是，除了韩国因为实力最弱而不受青睐外，为何强大的“楚”在后世也鲜有出现？

国号从哪来？

国号是古代政权最直接的标志，因此历朝的开国君主，不管是一统王朝还是割据势力，都对国号的选用相当重视。国号关系一国之命运，代表其法统的承续，绝对不是随心所欲的即兴之作，那么古代的开国之君是如何确定自己的国号呢？

国号的来源有几种方式。首先是根据地名，也就是政权的发迹之地，这是古代政权国号最常见的命名方式。相传大禹曾受封为夏伯，夏是古代的地名，在今天河南省阳翟一带，因此称其政权为“夏”；商朝的始祖契曾因为帮助大禹治水有功而受封于商，商在今天河南省商丘一带，其后便以“商”来称其部落，商汤灭夏后，就以“商”作为国名。

其次，有些开国君主是前朝的臣子，他们往往将自己的爵号作为新建立政权的国号。如西汉的开国君主刘邦，曾经被项羽分封为汉王，后来刘邦击败项羽，统一天下，国号就定为“汉”，史称西汉或者前汉；杨坚建立了隋朝，他的父亲杨忠曾帮助宇文觉建立政权，是北周的开国元勋，被周明帝封为隋国公，后来杨坚承袭了父亲的爵位，登上皇位后就以“隋”作为新政权的国号；唐高祖李渊的祖父李虎同样是北周的开国功臣，八柱国之一，他死后被追封为唐国公，这个爵位随后也被李渊所继承，李渊在正式称帝后也就选择了“唐”为国号。

除地名和爵位以外，还有的君主会选择一些有特别意义的字作为国号。如元朝的国号取自《易经》中的“大哉乾元，万物资始”，其中“元”有大、首等意思。

还有许多开国君主会沿用前朝已有的年号。其中有些是为了表明对前朝法统的延续。十六国时期，赫连勃勃称自己是“夏后氏之苗裔”，就以复兴大禹之业为名，定国号为“夏”；匈奴贵族刘渊是冒顿单于之后，他立志统一天下，以汉朝和匈奴有和亲之节而接续汉统，建立的政权取“汉”为国号；李克用作为沙陀贵族，因为曾帮助唐朝平定叛乱而被赐姓李氏，所以自视为李唐后裔，建立的政权也延续了“唐”的国号。

春秋战国时期诸侯争霸，最终，秦国攻灭六国统一天下，但在漫长的岁月中，许多国号也逐渐成为地名，在此建立的政权也常常沿用了这些国号。羯族人石勒先在刘渊手下担任将军，后来又以襄国，也就是今天的河北邢台为根据地发展势力，而襄国乃战国时期赵国之地，所以建立的政权就以“赵”为国号，史称后赵；氐族首领苻洪占据了秦国故地——关中，因此建立的政权以“秦”为国号，史称前秦。

先秦以来的“楚”国号

春秋战国时期，楚国有着悠久的历史。楚国的王室是芈姓一族，根据传说，他们的始祖叫祝融。祝融在后世被尊为火神，后裔分为六姓，最后一个便是芈姓。

芈姓的祖先是鬻熊，他是周文王的臣子，其曾孙熊绎受周成王分封，立国于丹阳，就是楚国的第一代君主。丹阳在今天的湖北秭归，当时国号为“荆”，后来迁都于郢，在今天的湖北江陵，才改国号为“楚”，后世常将“荆楚”连称。

“荆”和“楚”的本意都是落叶灌木，也代指了先秦时期农业开发较为落后的湖北等地区。《左传》中说楚国的先人们“筚路蓝缕，以启山林”，就是他们驾驶着简陋的柴车，穿着破烂的衣服去开辟山林道路。

楚国作为春秋霸主、战国七雄之一，疆域东至今苏、皖交界处，东南以长江为界，南到洞庭、鄱阳两湖之间，西达川、鄂、陕三省交界，北至秦岭、淮河一带，是当时面积最大的国家。即使在秦统一天下后，仍然流传着“楚虽三户，亡秦必楚”的谶言。

但是，除了项羽以楚国贵族的身份建立了西楚，号称“西楚霸王”外，后世却鲜见以“楚”为国号的政权出现。

这与“楚”字本身的含义有一定关系。“楚”与“荆”的本意相同，都是落叶灌木，其枝干坚韧，可以做杖，也就成为古代刑杖常用的材料，来捶打犯人。逐渐地，“楚”也就引申为“酸辛痛苦”之意，“苦楚”“痛楚”“凄楚”“酸楚”都是引申出来的词汇，这一含义显然不适合作为国号，而楚国在战国时期的悲惨命运也让其很少受到后世君主们的青睐。

春秋战国时期的国号大多转换为地名的代表，“楚”也不例外，成为以今天湖南为主体地区的代称。

但是，作为政权的核心区，楚相比于秦、魏、赵、齐、燕有明显的劣势。一个政权想要稳固和发展，最重要的是人力和财力。

南宋之前，北方不管是经济发展水平还是人口规模都远远高于南方，所以只有立足于关中或中原的政权，才有角逐天下的资格。刘邦明修栈道、暗度陈仓，一举占领关中，以长安为根基逐步统一了天下；刘秀起兵于南阳，以河北为根据地，陆续消灭了关东、陇右、西蜀等地的割据势力，定都洛阳，成就了汉室的中兴。

南方虽然没有统一天下的能力，但某些地区凭借险要的地形，往往也能具备割据一方的能力。巴蜀地区凭借北方的剑阁之险，经常出现割据政权，如东汉时期的白帝公孙述、三国时期蜀汉刘备；吴越之地依靠长江天险，依托富庶的太湖平原也足以支撑起割据政权，比如三国时期东吴孙权、建立东晋的皇族司马睿，因此蜀、吴在后世的国号中也颇为常见。

相对而言，楚国地理位置非常重要，是沟通中原、巴蜀和吴越地区的枢纽，向来是兵家必争之地。三国时期，关羽镇守的荆州，正是楚地的主要地区。它南连五岭，绵延的群山是岭南地区的屏障；西据三峡，连山叠嶂，遮天蔽日，长达六七百里，是入蜀川的重要通道；北接汉水，与中原重镇襄阳相对；东近九江，沿江而下可以直达吴越。和平时期，楚地的财力、人口不足以支撑独立的政权，战争时期又面临三个方向的军事压力，成为四战之地。

关羽镇守荆州时，试图北攻襄樊，威胁中原以配合蜀汉在关中的军事行动，但仍然派糜芳、傅士仁率重兵驻守江陵、南郡、公安等。一方面，是给前线军队供给军资粮草，另一方面，也是为了防备东吴。只是他没想到，这些人居然投降了东吴，最终导致关羽大本营被破，大意失荆州。

受地理位置的影响，千百年来很少有政权能够以此为核心地区长久存在。

项羽的西楚之后，以“楚”为国号而得以立国者，只有五代十国马殷建立的楚国。那么，马楚是如何在群雄并立的时期存在下来的呢?

马楚的生存之道

马楚（又称“南楚”）政权的建立者是马殷，他家境贫寒，少年时期曾做过木工。唐末政治黑暗、民不聊生，引发了裘甫、庞勋的叛乱，后来又爆发了王仙芝、黄巢领导的大起义。马殷在战争中逐渐发展了自己的势力，控制了以湖南长沙为中心的广大地区，后来被唐朝任命为武安军节度使，势力扩展到岭南以北，成为唐末南方一支重要的力量。

天祐四年（公元907年），朱温灭唐建梁，马殷因为上书“劝进”有功，被其封为楚王。朱温登上帝位后，马殷又上书请求依照秦王李世民的故事，开天策府、署置官员，继续维持在湖南的独立统治。

公元923年，李存勖灭掉梁，建立了“后唐”。马殷也随之依附后唐。后唐天成二年（公元927年），李嗣源进封马殷为楚国王，准许他“立宫殿，置百官，皆如天子制”，作为割据政权的楚国也正式建立起来。

马殷建立的楚国，以长沙为中心，共传六王，历45年。马楚政权虽有一定的力量，但在群雄林立的五代十国中，同样不具有独自生存的能力。

它的东部先有杨行密的吴政权，一直与中原王朝争雄；后有李昪的南唐，是十国中版图最大的政权。西部先有王建的前蜀政权，后有孟知祥的后蜀政权。北方占据中原的政权，无论后梁、后唐，都是当时最强大的政权。

楚国之所以能够维持下来，与马殷的外交政策有很大关系。他在入主楚地后，采取了“上奉天子、下抚士民”的策略，在朱温与杨行密争夺中原之时，果断选择投靠更为强大的后梁。这种选择使楚国得到了中原王朝的保护，具有了存在的能力。后梁开平元年（公元907年），杨吴派水军3万，占领楚国岳州，并以此为基地，与朗州兵水陆合力攻打楚国。朱温害怕楚国被打败会对自己不利，令荆襄、湖北等地的水师入援，大败杨吴军队。此后，这也成为马楚的基本国策，后来梁、唐、晋、汉、周几经更替，马楚一直选择依附中原王朝。

除了依附中原王朝，马楚对邻国采取了和好的策略，从不轻启战端。马殷先后与岭南的刘隐、吴越的钱镠实行和亲，保持了很好的关系。北方实力相对弱小，依附于淮南政权的荆南虽然曾经扣留楚国的朝贡使，掠夺中原王朝赐予的财物，一度挑起战端，但马殷仍然采取攻而不灭、存为“捍弊”的策略，不主动打破各政权之间的平衡。

正是通过这种方式，楚国在战乱频繁的五代十国时期能够延续下来，并以湖南地区为核心建立了西楚以后唯一一个以“楚”为号的政权。

随着北宋的统一，作为割据政权的“楚”便消失在历史的长河中。在此之后，中国历史上再也没有群雄林立的乱世，“楚”国号也不再出现于史书中，成为统一王朝的一部分。

（文/元微之）

晋国内部的六卿争斗，韩、赵、魏为何能笑到最后？

三家分晋的历史早已为国人所熟知，但在晋国的诸多公卿家族之中，为什么是韩、赵、魏三家笑到最后？在这场残酷内斗中，晋国周边的各诸侯国又在做什么？这一切的答案，或许要从一位江南的来客说起。

三军六卿

周景王元年（公元前544年），吴国公子季札出访中原。作为已故吴王寿梦之子，季札此前拒绝继位，因而广有贤名。他一路北上所经的徐、鲁、齐、郑、卫几个国家都给予其超高规格的接待。为了对抗楚国，一直给予吴国军事援助的晋国，更派出职业外交官羊舌肸负责季札在晋国的外事活动。

在晋国，季札首先拜会的是身为正卿的赵武，即著名元杂剧《赵氏孤儿》的原型。

作为曾经为周穆王驾车云游天下的殷商遗臣造父的后代，赵氏在周幽王执政时期脱离王室进入晋国发展。周惠王十六年（公元前661年），晋献公驾驭兵车的造父第12世孙赵夙，在攻灭霍、魏、耿三国的行动中表现出色，受封耿地（今山西省河津市城区东南），正式跻身晋国的大夫阶层。

在晋献公晚年的继承人争斗中，赵氏家族支持的是公子重耳。赵夙之子赵衰一度跟随重耳十九年，这样的付出自然得到了巨大的回报。到了周襄王十六年（公元前636年），在八个国家游荡十几年的重耳最终成功夺回晋国主导权。

晋文公称霸于中原，赵衰也因为不离不弃的从龙之功，获得了原邑（今河南省济源市西北）为封地。有趣的是，虽然赵衰深受晋文公的信任，却因专注于内政而一度不愿担任中军将、中军佐、上军将、上军佐、下军将、下军佐的“三军六卿”之职。直至周襄王二十三年（公元前629年），晋文公废除了以步兵为主的后备军“三行”改编为新上军、新下军，赵衰才成为新下军的统帅。一年之后，晋文公的舅舅狐偃和晋文公先后病故，赵衰作为股肱老臣再度为新君晋襄公器重，被任命为晋军中地位仅次于中军将先且居的中军佐。

周襄王三十年（公元前622年），先且居、赵衰等四位军、佐先后去世。晋襄公本欲安排自己的表叔、狐偃之子——贾季（本名狐射姑，字季，后被封贾地，称为贾季）为中军将，让赵衰之子赵盾接任父职，为中军佐。但重臣阳处父却力主赵盾为中军之将、贾季佐之。晋襄公听从了阳处父的建议，没想到却为晋国埋下了动荡的种子。

任命了新的“三军六卿”后不久，晋襄公突然病倒了，临终之前，晋襄公遗命赵盾拥立夷皋为晋国新君。但晋襄公一死，赵盾便以夷皋年少为由，提出拥立晋襄公之弟公子雍，贾季则推举晋襄公的另一个弟弟公子乐，两人争执不下之际，决定各自派人前往秦国和陈国迎回自己中意的新君。虽然从距离来看，身在秦国的公子雍必将先行赶回，为了避免节外生枝，赵盾还是派出杀手，伏杀了公子乐。

备感愤懑的贾季命人刺杀阳处父以泄愤，却由此被赵盾抓住了把柄。不仅负责刺杀的狐氏猛将狐鞫居被赵盾诛杀，贾季也无法在晋国立足，只能举族逃亡潞国，最终客死他乡。讽刺的是，在赶走了贾季之后，赵盾又突然变卦，命人阻挡从秦国赶回的公子雍，重新拥立晋襄公之子夷皋为晋灵公。

凭借着“翻手为云、覆手为雨”的政治手腕，赵盾开始了长达20年独掌晋国的执政生涯。其间虽然也出现过忠于晋室的重臣联合反赵的政治风波，但手握强大中军的赵盾还是笑到了最后。在诛杀以上军佐箕郑父为首的一干反对派后，赵盾以晋灵公的名义重新任命“三军六卿”，将自己的心腹郤缺、臾骈任命为上军将、上军佐。至此，除了栾盾、胥甲指挥的下军，赵盾几乎掌握了晋国的全部军权。

此后的10余年间，赵盾先后操控晋国与秦、楚对抗，更多次出兵攻打蔡、齐等国，可谓八面威风。但随着晋灵公的一天天长大，君臣之间的矛盾日益凸显。最终在放任晋灵公对自己展开了几次儿戏般的刺杀之后，赵盾故意逃出晋阳，制造不在场的假象，同时弟弟赵穿弑君成功。

晋灵公死后，赵盾又拥立晋襄公的异母弟姬黑臀为晋成公。

晋成公早年在周王室为人质，政治根基尚且不如晋灵公，初来乍到更是无力反抗。正是抓住这一有利契机，晋灵公公然册封“公族大夫”。

所谓“公族”，指的本是各诸侯国君主的近亲旁支。由于晋国历史上曾出现过多次公族叛乱的恶性事件，是以晋文公选择倚重狐氏、赵氏等卿族，将诸子皆遣散为质。此时赵盾提议重设“公族大夫”，当然不是为强化晋国国君的家族势力，而是公然抬高赵氏子弟的政治地位，让他们以“公族”的身份获取爵位和封地。

按照赵盾的计划，随着自己家族的后起之秀逐步掌握整个晋国的要害部门，赵氏将彻底取代姬姓成为晋国的主宰。天不遂人愿，周定王六年（公元前601年），55岁的赵盾去世。他无论如何都不会想到，将赵氏子弟列为“公族”的举措，恰恰为家族的灭顶之灾埋下伏笔。

赵氏不孤

赵盾死后，晋成公虽然表面上依旧倚重赵氏，但却刻意将赵盾的权柄给了赵姓三个同父异母的弟弟：赵同、赵括、赵婴齐。赵盾的长子赵朔虽然位列“三军六卿”，却是下军将。长期被赵氏所压制的晋国老牌贵族荀氏逐步抬头，曾在晋文公时代担任过“中行”主帅的荀林父接掌了赵盾的中军将一职，并在周定王七年（公元前600年）晋成公病逝、其子晋景公继位之后，率领晋军与楚、秦两国展开了连场恶战。

周定王十年（公元前597年），为救援遭楚军围攻的郑国，荀林父率领晋军主力渡过黄河，抵达邲地与楚军对峙。然而，在上、中、下三军统帅皆各怀鬼胎的情况下，晋军在与楚军交锋后不久便全线溃败。兵荒马乱之际，荀林父的弟弟、时任下军大夫的智首（本名荀首，封地为智，被称为智首）发现自己的儿子智罃被楚军所擒，当即返身杀去。

虽然智首最终没能救回自己的儿子，却也俘虏了楚国的公子穀臣，为战后两国交换俘虏留足了筹码，也正是因为智首的这番逆袭，晋军最终避免了更大的损失。因此，荀林父保住了其中军将的地位。但是这场“邲之战”终究暴露出晋国三军之中各家势力盘根交错、互不统属的弱点。

为了厘清各军指挥序列，晋景公于周定王十九年（公元前588年）将晋军扩编为六军，如此一来各军正副指挥官总和便达十二人之多，在这“六军十二卿”之中，出自荀氏的便有中军佐智首、上军将中行庚（本名荀庚，父亲荀林父当过“中行将”，故被称为中行氏）、新下军将荀骓三人。赵氏子弟亦只有下军佐赵同、新中军佐赵括和新下军佐赵旃三人。

这样的此消彼长，令赵氏的处境岌岌可危。周简王三年（公元前583年），赵同、赵括因发现弟弟赵婴齐与侄儿媳赵庄姬（赵朔之妻）通奸，便将其流放。

晋景公趁势以赵庄姬密报赵同、赵括意图谋反，将其灭族。关键时刻，曾为赵盾收养的新中军将韩厥出面为赵氏求情。晋景公确实也不愿赵氏彻底覆灭，是以命赵朔之子赵武继任赵氏家主。

周简王九年（公元前577年），赵武终于加冠成人。有趣的是，《国语》之中特意记载了一段赵武行礼之际晋国诸卿的表态。其中固然有人心口不一，但大致可以看出，以韩厥为首的韩氏已公然与赵氏同盟。出自荀氏的中行氏、智氏则冷眼旁观。新近崛起的范氏家族则试图将赵武收为己用，毕竟晋景公在屠灭赵同、赵括之后，曾将大片赵氏的封地归入范氏的名下。

面对虎视眈眈的各方势力，元气未复的赵氏被迫在韬光养晦之余，选择暗中支持韩氏。周灵王十四年（公元前558年），韩厥终于在一连串的宫廷政变中杀出重围，成为秉持晋国朝政的正卿。此时，晋军缩编至“四军八卿”后，赵武也终于得到了新军佐的官位，在他之前的则是身为新军将的魏氏子弟魏颉。

至此，赵、韩、魏、智、范、中行，六大家族悉数登场，纵横捭阖的背后逻辑也呼之欲出。在此后的岁月里，赵武逐步累积军功，终于在周灵王二十四年（公元前548年）升任中军将和正卿，由此从赵盾病逝以来，赵氏家族终于再次重返晋国的权力巅峰。但与赵盾的专权不同，赵武的成功并不属于他一个人，而是属于赵、韩、魏三家所形成的政治同盟。

在韩厥之子韩起、魏氏子弟魏舒的支持下，赵武不仅促成了晋国与齐、楚、秦等强国之间的和睦，更在周灵王二十六年（公元前546年）于宋国主持了第二次弭兵之会。有趣的是，正是因为晋、楚之间的弭兵罢战，才令吴国备感紧张，派出公子季札前来一探虚实。

孙武问答

季札和赵武谈了什么，世人不得而知，但在与赵武会谈之后，季札又分与韩起、魏舒两人进行接触。事后，季札对负责接待他的晋国外交官羊舌肸预言道：“政将在（赵、魏、韩）三家”，并奉劝羊舌肸应该为自己早谋退路，否则“必思自免于难”。季札是如何做出这样的判断的，我们并不清楚。但数十年之后，一个名为孙武的齐国人却为吴国的君主做出了详尽的分析。

1972年，在山东临沂银雀山的一处汉代早期墓葬之中，考古学家发现了一部《孙子兵法》的残片。尽管由于岁月的侵蚀，这卷兵书残缺严重，仅余200余简、2400余字，仅约为常见的宋版《孙子兵法》篇幅的三分之一。但此次考古却意外地发现了《地形二》《黄帝伐赤帝》等未见于史籍的佚文，其中的《吴问》一文，更是以吴王与孙武对谈的方式，为后世展现了春秋末年晋国内部六卿对立的纷乱局面，并预测了赵、魏、韩三家终将胜出的结局。

由于《吴问》的预测过于准确，因此后世不乏有人认为《吴问》乃是战国，甚至是秦汉学者的托古伪作。然而，从相关史料记载来看，为了共同对抗楚国，晋、吴两国自周简王三年（公元前583年）便已建立联系，因此，吴国对晋国内部政治局势一直保持着高度关注。季札对晋国的拜访可能带回了更多一手观察和记录，也正是对晋国六卿内部田亩制度和税收政策的熟稔，孙武才提出了“范、中行氏先亡，智氏为次，韩、魏为次，赵毋失其故法，晋国归焉”的结论。

按照周代的井田制经界法为：“建步立亩，正其经界。六尺为步，步百为亩，亩百为夫。”晋国六卿的田亩制度却是每亩从一百六十步至二百四十步不等，但相对来说，由于当时已出现铁制农具和牛耕，实耕土地量越大，对农业生产的发展越有利，所以赵氏采取的大亩制度更符合生产力发展的规律。

有趣的是，在后来的商鞅向秦孝公所献三策中，有一策即为“开通阡陌，以五尺为步，二百四十步为亩”，以为此举可尽地力。商鞅早年生活在三晋，并在魏国相国公叔痤家里当过家臣中庶子（执掌诸侯卿大夫的庶子教育管理），想来对三晋历史上的利弊得失是了解的。

此外，范、中行、智、韩、魏五卿采取的是“伍税之”，即税率为五分之一。在春秋末期，五分抽一的税率实行得比较普遍。但是，在此五卿的领地上，农民的实耕土地面积却有多少之别，照率纳税后其所得之收获必定会有差异。亩制小则所得少；亩制大则所得多。亩制的大小，赢得属地农民支持的程度不同，必然会影响政权。

“税多则败农”，孙武还认为“伍税之”会引起“公家富”，即卿大夫的骄奢，所以进而做出其相继走向失败的推断。孙武看重的是赵氏“无税”，即免征田亩税的措施。应该指出的是，“无税”并不是全部免除税负，税之外还有赋，当时税和赋是不一样的概念，是以《汉书》中有“税以足食，赋以足兵”的说法。税不收，赋还是要收的，不然赵氏又靠什么来维持统治呢？

范氏和中行氏是否对民众压榨得最厉害已经无法查证，但他们的确名声不好，尤其范氏欺凌弱小，常到各国索要供奉，在中小诸侯眼中，范、中行两家几乎就是跋扈的代名词。赵氏则和这两家相反，自赵氏孤儿赵武复兴家族后，低调谦和、与人为善，到第三代赵鞅时，他秉承赵武遗志，因而在晋国朝野中广受好评。

此后，赵氏旁支邯郸氏和赵鞅发生冲突，与邯郸氏交好的范氏趁机拉中行氏为邯郸氏出头，带兵攻击赵鞅，赵鞅被迫躲到后方基地晋阳城中，当时的正卿智跞也早已看不惯范氏的蛮横，联合韩氏、魏氏以晋定公的名义讨伐范氏、中行氏。最终，范氏、中行氏败退回封地。赵鞅对两家紧咬不放，历时七年彻底清除了晋国境内范氏、中行氏势力。晋国六卿至此变为四卿。

紧接着便是智氏的败亡。智氏家主智瑶上有国君支持，下有韩、魏辅助，一度将赵氏逼到墙角，却最终功败垂成。韩、魏之所以在最后时刻反水，除了看透智氏进一步吞并自己的野心，还在于赵、韩、魏的世代盟好。这种友好延续到了灭掉智氏后对地盘的划分，并最终形成三家分晋的格局。

（文/赵恺）

在组团打架的战国时代，“合纵连横”与普通的诸侯结盟有何区别？

“战国者，纵横之世也”。

——章学诚《文史通义》

从春秋五霸到战国七雄，春秋战国时期的诸侯争霸至今为人所津津乐道。各诸侯国彼此亦敌亦友，时而联盟时而作战。直到战国时秦国逐渐一家独大，纵横家们提出了“合纵连横”的主张。从此，合纵连横成为战国时代的典型标志，但其本质仍是诸侯间的结盟。

所以问题来了，本来就是诸侯争霸，无论是远攻近交还是远交近攻，无非都是结盟与制衡，为何又会出现“合纵连横”的叫法？它与普通的诸侯结盟又有什么区别？

“合纵连横”一词的起源于流变

“合纵连横”作为一个完整的词汇，是于西汉才出现的。

严安上书汉武帝云：“田常篡齐，六卿分晋，并为战国，此民之始苦也。于是强国务攻，弱国备守，合纵连横，驰车击毂。”

(《史记·平津侯主父列传》) 因“从”“纵”相通，“横”“衡”相通，所以“合纵连横”也写作“合从连衡”或“合从连横”。

有学者指出，“从”“衡”才是本字。秦汉之前，“合纵连横”也确实用“从”“衡”来表示。

韩非子说：“从者，合众弱以攻一强也；而衡者，事一强以攻众弱也。”(《韩非子·五蠹》)

不过，这个定义并不准确，我们来看两个事例：第一个是公元前318年，楚、魏、韩、赵、燕五国合纵攻秦，楚怀王为“从长”(《史记·楚世家》)，当时秦、楚是强国，魏虽然衰落，但仍强于韩、赵、燕三国，所以这场合纵战争是一个强国率一批中小国家进攻另一个强国。

第二个是公元前288年，秦、齐、韩、魏、燕五国曾打算连横攻赵，《战国策·赵策一》称：“五国之王，尝合横而谋伐赵，参（即“叁”）分赵国壤地。”当时秦、齐是东西两强，燕、赵次之，韩、魏最弱，所以这场连横战争是两个强国率一批中小国家攻打另一个强国。

类似的事例还有很多，所以韩非子的话并不能准确概括战国时期合纵连横的情况。但韩非子就生活在战国末年，他的定义肯定适用于当时合纵连横的情况。战国后期，秦国一强独大，其他诸国相对而言是“众弱”。那么，韩非子的话就可以理解为：诸侯联合起来对抗强秦叫作合纵，一国联合强秦攻打其他诸侯叫作连横。

战国后期的这种合纵连横模式对后人有着深远影响。《过秦论》作者贾谊、《史记》作者司马迁、《战国策》编订者刘向、为《战国策》作注的高诱等都认为合纵是诸侯联合攻秦，连横则是与强秦结盟。

但是翻阅文献，我们会发现这种说法也有问题，如《战国策·赵策四》说："赵使赵庄合从，欲伐齐。"《史记·乐毅列传》说："诸侯害齐湣王之骄暴，皆争合从与燕伐齐。"就是说合纵还可以伐齐，合纵连横在更早肯定还有其他含义。

合纵连横最初的意义要从其产生的时间来分析。西汉刘向在《战国策序》中指出："苏秦、张仪、公孙衍、陈轸、(苏)代、(苏)厉之属，生从横短长之说，左右倾侧。"

其中公孙衍、张仪时代最早，徐中舒《先秦史论稿》、杨宽《战国史》、晁福林《春秋战国的社会变迁》等也都将公孙衍、张仪在列国政坛的一系列活动作为合纵连横时代的开始。

公孙衍、张仪都是魏国人。公孙衍早年任秦相，后长期在魏国任职，多次组织合纵攻秦，曾"佩五国之相印，为约长"(《史记·张仪列传》)；张仪长期担任秦相，后来曾担任魏相，曾推行秦、魏连横，秦、韩、魏连横，秦、楚连横等策略。不难看出，两人的外交活动都是以"秦—魏"为坐标中心。三国时期的学者孟康从地理角度对二人的外交策略进行解释："南北为'从'，东西为'横'。"(《史记·周本纪》集解)

就是说，秦国联合东方的一国或多国，属于东西方向的合作，叫连横；南北方向的魏、韩、赵、楚、燕等国联合起来叫合纵。

合纵连横策略的内涵和形式在不同历史时期会有所改变，但“南北为纵，东西为横”的含义则被继承，如秦末项羽等反秦力量的联合叫合纵，西汉七国之乱时吴、楚的联合也叫合纵，他们都是南北方向上的诸多势力联合在一起去进攻一个位于西方的强大政权。

通过以上分析，我们大体上可以了解合纵连横含义的演变：连横，最初是秦国为了开疆拓土而采取的外交策略，开创者是张仪，连横拉拢的国家可以是一个，也可以是多个，在地图上看，这个联盟呈东西走向。合纵，最初是由魏国为了对抗秦国而联合南北方向各国的策略，参与国家一般在三个以上，开创者是公孙衍；后来齐国一度强大，于是攻齐也叫合纵。

战国晚期，诸侯联合起来对抗强秦叫作合纵，诸侯中的一国或多国联合强秦攻打其他诸侯叫作连横。汉代之后，合纵连横逐渐泛指外交谋略，主父偃“学长短纵横之术”(《史记·平津侯主父列传》)，王凤说“《太史公书》有战国从横权谲之谋”(《汉书·宣元六王传》)，都是这个含义。

合纵连横的特征

战国中晚期，人们将包括合纵连横在内的各种外交斗争模式都归为“外事”。策士曾说“外事，大可以王，小可以安”(《韩非子·五蠹》)。合纵连横是春秋和战国早期外交策略的延续，它既继承了许多诸侯结盟的传统，又在传统的基础上有所发展，呈现出大争之世的世道人心。

首先，合纵连横是策士积极参与的结果。春秋时代和战国早期，诸侯的外交决策是由各国君主和执政共同作出的，而合纵连横时代多了策士这个群体，他们会积极参与各国外交决策，使各国外交决策多了一种“外力”，而这种“外力”有时甚至能起到决定性作用。

典型的表现就是策士往往以他国势力代表的身份出任所在国的宰相等高官。如“张仪为秦之魏，魏王相张仪”(《史记·张仪列传》)，张仪能出任魏国宰相是因为他背后代表着秦国的势力，魏国的这一做法也是向秦国表明魏国将坚定地站在秦国一边。作为魏国的宰相，张仪要参与魏国内外事务的决策，某种意义上也是在监督魏国的外交政策。

再如公孙衍，他为了巩固魏、齐、韩联盟，在与齐国宰相田婴缔结盟约后，由田婴之子田文出任魏国宰相，公孙衍则出任韩国宰相。

自张仪、公孙衍开启携一国之重出任他国高官的模式后，这一做法随即普遍展开：公元前308年，秦国重臣樗里疾出任韩相；公元前299年，齐国重臣田文出任秦相；公元前298年，赵国重臣楼缓出任秦相；公元前281年，秦国重臣魏冉出任赵相；等等。

从另一个角度来看，这些重臣也可以视为一国派往另一国的人质。在春秋战国时代，除了太子、诸公子，朝廷重臣也可以作为人质。公元前610年，晋国不满郑国对楚国示好的行为，于是郑国派太子夷、大臣石楚到晋国做人质；战国中期，魏大臣庞恭曾和太子一同到赵国做人质。还有大臣单独做人质的，如春秋时期，宋国与楚国讲和，宋国将执政大臣华元送到楚国当人质；战国中期，魏国与齐国结盟共同对抗楚国，魏国将大臣董庆送到齐国当人质。

合纵连横时代，这些重臣在他国虽然位列宰辅，但生死却仍握在他国君王手里。齐国孟尝君相秦时就差点被秦昭王所杀，靠鸡鸣狗盗之徒才逃出生天。

有时为了保证联盟的巩固，策士们会同时担任多国宰相。公孙衍曾“佩五国之相印”(《史记·张仪列传》)，张仪“并相秦、魏”(《战国策·魏策一》)，乐毅以燕将兼任赵相(《史记·乐毅列传》)，周最曾打算“兼任韩、魏”(《战国策·东周策》)，赵献曾打算“并相楚、韩”(《战国策·魏策一》)，苏秦在燕、齐、赵同时拥有封地和官职，等等。这些外交现象在春秋时期和战国早期都是不可想象的，甚至在后世也极少发生。另外，合纵连横诸国讲求“权”和“变”。“权”指影响力，“变”指外交方针和结盟对象的改变。“权”分轻、重，信陵君窃符救赵之后，策士分析当时的形势：“秦得齐，则权重与中国；赵、魏、楚得齐，则足以敌秦。故秦、赵、魏得齐者重，失齐者轻。”(《战国策·齐策三》)

翻开《战国策》，我们会发现大量关于“权”之轻重的讨论。各国会对加入哪个联盟仔细斟酌，让自己的利益最大化，苏秦为燕昭王分析燕国外交地位时说：“凡天下之战国七，而燕处弱焉。独战则不能，有所附则无不重。南附楚，则楚重；西附秦，则秦重；中附韩、魏，则韩、魏重。”(《战国策·燕策一》)所以苏秦给燕国制定的外交策略是将齐国作为主要盟国，同时也和赵国保持良好关系，让齐、赵相互牵制。五年之间，“齐数出兵，未尝谋燕，齐、赵之交，一合一离，燕不与齐谋赵，则与赵谋齐”(《战国策·燕策二》)，收到了良好的效果。“权”必然意味着“变”，所以，各国朝秦暮楚，秦昭襄王就曾痛斥韩国“不固信盟，唯便是从”(《战国策·赵策一》)。最后，合纵连横既要组建自己的联盟，又要拆散别人的联盟。主张合纵者想离散连横，主张连横者想离散合纵。

贾谊《过秦论》中说孟尝君、春申君等“约从离衡，兼韩、魏、燕、赵、宋、卫、中山之众”以伐秦，“离衡”就是拆散连横。

公元前288年，秦国欲联合齐、燕、韩、魏共同伐赵，打算瓜分赵国。策士苏秦作为燕国谋臣，认为国力相对弱小的燕国必须让齐、赵这两个强邻相互制衡，才能求得生存。于是苏秦先是说服齐国改变策略，变伐赵为伐秦；而后又在齐、赵的支持下说服韩、魏，彻底瓦解了连横。

公元前287年，在苏秦的策划下，赵、齐、魏、韩、燕五国合纵伐秦。这是合纵者拆散连横的经典事例。还有很多连横者拆散合纵的事，如公元前283年秦攻魏，赵、燕救魏，反将秦军困住，秦国被迫求和。第二年，秦国拆散了赵、燕、魏联盟，将魏国拉拢到了自己一方，而后出兵攻赵，占领两城。

总之，合纵连横从战国中晚期一种特殊的外交现象演化为一种文化现象，对当时和后世都产生了巨大影响。不过，我们应该明确一点，再好的外交策略也要建立在实力基础上。正如韩非子所说："故治强易为谋，弱乱难为计。故用于秦者十变而谋希失，用于燕者，一变而计希得，非用于秦者必智，用于燕者必愚也，盖治乱之资异也。"

只有自己拥有雄厚的实力，再巧妙地运用合纵连横策略，才能让自己立于不败之地。

（文/王政冬）

秦国的外交大战略：六国合纵为何总是铩羽而归?

从公元前770年起到公元前221年秦始皇吞并中国、统一天下为止，是我国历史上的春秋和战国时代。在这500多年中，中国军事发展，尤其是大战略发展逐渐从萌芽走向了成熟。在各国对外兼并战争中，产生了一大批我们耳熟能详的战例和名将。君臣将帅的战略决策，直接关系到一个国家的盛衰荣辱。而秦国从一个西陲部族，发展到横扫宇内的最强国家，正确的大战略和军事外交决策，在其中起到了决定性的作用。

合纵缺乏精于战略布局的核心国

虽然秦穆公之后的几代秦公都缺乏雄才大略，但“称霸西戎”已经使秦国有了争夺天下的资本。到战国时期，秦西方为乌氏、绵诸，南邻巴蜀，北有义渠，仅有东侧的韩魏和东南的楚比较有威胁。而且，随着三家分晋，应该说秦国在东侧的压力应该是部分降低的。

不过，谁也想不到在战国初期，秦国却在东方遭遇了前所未有的威胁，这完全是因为魏国在魏文侯君臣的变法图强下异军突起，李悝、西门豹、乐羊、吴起等一批贤臣名将，带领“武卒制”催生的强大魏军，打得秦国丢盔弃甲。从公元前413年开始的六年中，魏国连续夺取了秦国的繁庞、临晋、元里、洛阴、郃阳，秦的河西之地（黄河以西的河套南部地区）全部为魏所有，秦国只能退守洛水。

好在魏国处于四战之地，加之三家分晋，虽然赵国与韩国最初愿意跟随魏国，但三家难免因为争夺领土发生矛盾。而秦国趁魏国转向攻击齐楚等国的有利时机，从公元前408年开始进行了长达20余年的改革，这些改革的力度远不如公元前361年秦孝公任用商鞅进行的变法，但仍对秦国的国力起到了提升作用。例如，在公元前364年，秦军便在石门（今山西运城）大败魏军，斩首6万人。

公元前361年，秦孝公即位，决定起用商鞅进行变法。而就在这一年，魏国迁都大梁，并且开始着手修补南起陕西华县，经渭水、洛水至澄城的长城，以加强对秦国的防御。眼看魏国逐渐因为多线作战转入守势，秦国及时与魏国东面正在崛起的强国齐取得联系，约定联合对魏国作战，而魏国南方的楚国也开始有意识地削弱魏国。

从外交大战略角度上来看，秦国此时与齐、楚的“协作”，更多的是一种“乘人之危”“趁火打劫”的行动，与日后连横布局完全不可同日而语。但是多线作战确实有效地抑制了魏军威力的发挥，使其疲于奔命。例如，在公元前353年，魏将庞涓领兵围攻赵国都城邯郸，赵国向齐、楚求救，秦国却趁魏国西部空虚，出兵攻占魏国的少梁，后又在公元前352年攻破了魏国的故都安邑。

公元前353年和公元前341年，齐国军队在孙膑的谋划下两次重创魏军。在齐魏马陵之战后，商鞅向秦孝公进言，秦国与魏国是死敌，只可能是你死我活，应该趁魏国大败夺取河西，为秦国东向争天下扫平障碍。从周显王二十九年（公元前340年）开始，秦国连败魏军，最终在公元前330年迫使魏国将河西之地归还秦国。河西之地的临晋正好卡在函谷关与秦国本土之间，如果秦国不能控制此地，就无法凭借函谷关和黄河天险保证本土安全。而夺下河西之地，秦国就掌握了进可攻、退可守的有利地位。

同时，由于魏国连续数次被齐国击败，因此进入战国中期，阻止秦国统一天下的主要对手，已经不再是魏国，而是东方崛起的强大齐国。而秦军饮马黄河，随时渡河侵入中原的情况，引起了关东六国的恐慌。为了对抗强秦，关东六国被迫放下彼此间的矛盾，组成临时的联盟。

在这样的背景下，公孙衍作为最初倡导合纵抗秦的人，登上了战国的历史舞台。当然，《史记》将这一功劳给了苏秦。不过，无论是苏秦还是公孙衍，他们说服六国的基础，就像《史记》记载苏秦说服韩宣王时提到的“地之有尽而秦之求无已”。既然秦国有吞灭六国的想法，那么六国自然不愿“人为刀俎我为鱼肉”，必须要联合起来对抗强敌。

所以，我们也可以认为，即便没有公孙衍和苏秦，其他人也会出来组织六国合纵抗秦。就像法国大革命和拿破仑战争时期，面对崛起的法国，欧洲先后结成六次反法同盟，屡败屡战，非要打败有着强烈扩张欲望的法国。而在第二次世界大战中，德、意、日法西斯轴心国的存在，让中、美、苏、英等政治体制迥然不同的国家暂时放下彼此间的矛盾，组成国际反法西斯同盟，以避免被奴役的命运。

当然，与千年之后的反法同盟相比，六国合纵缺乏一个英国这样精于战略布局的核心。而且秦与关东六国相比，是占有地利的。而英国和法国相比，却有着海权优势，因此即便大陆上的同盟屡次被打败，英国本身却立于不败之地。这也说明战略布局必须要与军事斗争形势和特点相符合，才能发挥应有的作用。

通过结盟将对手拖入多线作战

公元前329年，秦国全面突破黄河攻魏。第二年，张仪担任秦相，开始实施连横之计。“连横”实际上就是齐、秦这两个分据东西的强国以武力迫使其他国家“事一强以攻众弱”。但是由于张仪担任相国，让前任魏国人公孙衍失势，因此公孙衍回到魏国，开始准备主导抗秦。公元前325年，秦惠文王称王，公孙衍随之发起“五国相王”，请魏、韩、赵、燕、中山相互称王，这实际上是希望组成三晋为核心的抗秦合纵形势。

面对秦国咄咄逼人的攻势，针对“连横”之策的“合纵”自然很有市场。“纵”实际上指的是以三晋为轴心，联合南北的燕、楚对抗齐、秦。公元前323年，魏惠王继续使用公孙衍“五国相王”的策略，联合赵、燕、中山、韩四国对抗齐、秦和楚。结果由于合纵五国各怀私心，且实力与齐、秦、楚相比太过悬殊，因此反而招致齐灭中山，而楚国夺取魏国八城。

秦国此时也派张仪回到魏国，劝魏国背叛纵约，与秦国搞连横。魏王不从，秦国发兵攻魏，而合纵各国仅有韩国派兵支援魏国，两国联军被秦国打得大败，被斩首8万人。秦国一举夺得曲沃、平周，魏国被迫背约与秦国连横。

在担任魏相之后，张仪一面向魏国兜售连横之策，一面鼓动韩国加入连横，“以秦韩与魏之势伐齐楚”。实际上张仪“欲令魏先事秦而诸侯效之”。但这一套离间六国的伎俩却将本来在合纵以外的齐和楚逼入合纵一方，关东诸国开始一致支持公孙衍的合纵计策。而魏国先用张仪担任相国，又在公元前319年再行合纵之策，将张仪驱逐。这一次合纵楚、燕、韩、赵、魏都有参加，公推楚怀王为纵长。

张仪担任魏相，却因为行事操切而导致原本正打得热闹的关东诸国被迫暂时放下矛盾，一致对秦，使得秦国此前的战略计划被彻底打乱。虽然六国合纵成功，但因为楚国作壁上观，燕国国力太弱，结果三晋部队在函谷关被秦军打败，第二年，三晋再败于修鱼，被秦军斩首八万两千人，由此第一次合纵攻秦彻底失败。

第一次合纵攻秦失败，体现了合纵计策的最大问题，首先在于六国军队大多战斗力较弱，无法正面抗秦。其次是各国统治者大多目光短浅，只顾眼前小利，不可能将全部力量集中用于抗秦。

而其后的三次合纵攻秦，也证明了六国不可能真正联合抗秦。

应该说，当秦国牢牢掌握河西之地和函谷关天险时，它已经在外交大战略上立于不败之地。实际上这种状态与英国从17世纪凭借海权在欧洲建立起的优势十分接近。由于有海峡的保护，即便对手掌握整个欧洲大陆的人力、物力，仍然不能突破英国海军的封锁去攻击英国本土。而秦国的连横之策，也和英国在欧洲奉行的通过结盟削弱大陆最强国家的国策极为相似，即通过结盟将对手拖入大陆上的多线作战，一方面削弱了敌人和盟友，另一方面也保证了本土的安全。

分化瓦解齐楚联盟

但是，从这一阶段的秦国与六国的力量对比来看，秦国虽然据有地利，但国力尚不足以席卷六国。第一次合纵失败后，秦国对魏、韩的控制得到加强。但是齐国与楚国却看到了秦国的威胁，齐国主动派遣使臣入楚，两国结为联盟。这样一来，新的合纵抗秦联盟就有了两个最强大的支柱。

对此，秦国开始“苦练内功”，集中兵力转向了中原以外的地区，将北面的义渠击败，又向南夺取了巴、蜀等国。这一行动首先是保证秦国东向争天下时后院不至于起火，其次也是为了获得更强的国力，同时还可以威胁楚国侧翼——夺取巴、蜀使得秦国相对于楚国拥有了长江上游的地利。需要时秦国可以凭借水师顺江而下，直接袭击楚国的郢都，对六国形成整体的外线优势。另外，当张仪和司马错争论是优先占领巴、蜀还是争夺中原时，司马错提出中原国家对秦国夺取巴、蜀缺乏警惕性，这种从国家形象和外交角度考虑大战略的思维，在当时全世界都是极为罕见的。

在夺取巴、蜀，力压义渠后，秦国再次出函谷关，照例先拿韩、魏开刀。此时韩、魏对秦国而言简直就是案板上的肉。不过南方的楚国和东方的齐国仍极为强大，如果秦国试图夺取三晋，齐楚联盟就可从两个方向对秦军予以袭击。

于是，秦国开始着手制定分化瓦解齐楚联盟的计策。从公元前313年开始，秦国派遣张仪入楚，利用楚怀王昏庸，约定向楚国割让六百里——原属于楚国的商於（今陕西河南交界处）地区，以利诱瓦解齐楚联盟，组建新的秦楚连横。

对于楚国而言，秦国和齐国实际上都是有可能发起连横的可怕敌人，如果能削弱齐国，交好秦国，还能获得六百里土地，看似也算是一桩一举三得的“买卖”。为此楚怀王得意扬扬，楚国群臣也争相拍马屁。但是，这时正在楚国的纵横家陈轸向楚怀王指出张仪的谎言：秦国重视齐国和楚国，是因为齐楚联盟，如果楚国与齐国绝交，那么陷入孤立的齐国和楚国都不会被秦国人重视。而且先同齐国绝交，再向秦国人要地，肯定是要受到蒙骗的。

陈轸与张仪算是老对手，他先后在齐、秦、楚三国当过客卿，在秦国时与张仪争斗，险些被张仪陷害，虽然陈轸依靠伶牙俐齿逃过一劫，最后却只能跑到楚国栖身。楚怀王对陈轸并不十分信任，曾让他出使秦国，因此，陈轸的谏言自然没有被采纳。

事实证明，楚怀王果然被张仪诓骗，更糟糕的是楚怀王怒而兴师，反而促成秦国与齐国连横攻楚。公元前312年，秦军在丹阳大破楚军，斩首8万人，再败楚军于蓝田，夺去了楚国的汉中之地。公元前311年，张仪通过郑袖等说服楚怀王与秦国连横，稳定了攻击三晋的侧翼。

逼迫盟友重创最强对手

也就是在这一年，秦惠文王去世，张仪在秦国的好日子也算是到头了。作为战国最强的纵横家，张仪为秦国制定的连横之策，主要是为分化瓦解关东六国在强秦威胁下可能的联盟。在惠文王去世前，张仪已经说服楚国、赵国、韩国、燕国等一起与秦国连横，对抗齐国。但是继位的秦武王是个武夫，在太子时代就不喜欢凭三寸不烂之舌争天下的张仪，在惠文王去世后对他进行驱逐，结果张仪只能躲到魏国。

秦武王继位时，秦国已经重创楚国，同时三晋的魏国和韩国也被严重削弱，而赵武灵王虽然不是简单角色，却正专心与齐国争夺燕地。因此秦武王有机会趁六国忙于自身发展时而夺取进入中原关键位置的韩国宜阳，并且进一步巩固在义渠和巴、蜀等地取得的利益。

虽然通常被认为是一介武夫，但事实上秦武王在大战略方面是相当聪明的。他将越国这个久处战国大势之外的国家拉了进来，约定秦、越夹攻楚国。这一手等于在楚国背后开辟了“第二战场”，使得楚国陷入两面夹攻之势而疲于奔命，这样秦国进一步获得了外线优势。这一手在近现代战争中也经常被采用。例如，在拿破仑战争时期，英国派兵支援西班牙的反法势力，就迫使法国将大量兵力投入这一方向。

随后，秦国交替攻击楚国、三晋，逐渐夺取楚国的巫郡和黔中郡，彻底削弱了楚国。而齐国因为楚国背叛，联合三晋攻楚，实际上是没有看清主要敌人的昏招。事实上，此时三晋与齐国仍有相当战斗力，如果组织得当，还是有可能威胁秦国的。

尤其是齐国，此时已经逐渐制服了楚国、韩国。楚怀王为了缓和与齐国的关系，将太子横送到齐国做人质，结果这一行为惹怒了秦国。公元前298年，秦国背信弃义将楚怀王骗到秦国扣押起来，这样一来刺激了关东六国。而陈轸则在这个时候回到老家齐国，向齐湣王鼓吹“合纵”，齐国联合韩、魏合纵抗秦，而秦国的盟友赵国和宋国则作壁上观，导致齐韩魏合纵联军在与秦国于函谷关对峙三年后破关而入，迫使秦国将今天属于山西临汾的武遂还给韩国，又将封陵还给魏国。

随后，齐国因为消灭宋国，一时间震动天下，史称“两逼三晋，吞并周氏，有取代天子之势”。在这种情况下，秦国在公元前284年逼迫三晋及燕国与自己合纵攻齐，通过济西之战不仅重创齐国，而且消耗了三晋的军事力量。经过济西惨败，虽然有田单光复齐国，但齐国至此元气大伤，再也不能采取连横与秦国争夺天下，其他五国也不可能组成真正意义上的合纵与秦国对抗。

将六国作为统一体予以打击

但在此时，秦国尚不能彻底横扫六国。造成这种情况的原因很大程度上在于秦国统治阶层的私心杂念太重，这方面的代表人物就是四次担任秦相的穰侯魏冉。魏冉上位，主要在于他是外戚，是宣太后兄弟中最有能力的。作为一名统帅，魏冉的功勋赫赫，同时，他也有识人之明，秦国的战神白起，便是由魏冉提拔的。

但是作为外戚，魏冉和整个宣太后家族却把持朝政，将从关东六国夺取的财富和封地都归入自己控制之下。无论是占领楚国郢都，辟为南郡，还是攻击三晋，魏冉的财富和封地每一次都随之扩展。有些时候，魏冉也会受到六国的蛊惑，在有胜算的情况下自行撤围，例如秦昭王三十二年（公元前275年），魏冉围攻大梁，却在须贾蛊惑下撤围而去。两年后他与白起先攻三晋，随后又逼迫赵国去攻击齐国，这本是破坏合纵的好计策，但因为齐襄王让苏代写信给魏冉巧舌如簧地陈述他的理由，魏冉竟直接撤兵回国，放弃作战。

魏冉的我行我素，也反映了秦国此时缺乏大战略的统一原则。“连横”政策在齐楚两国已经被削弱的情况下，需要被新的政策所替代，那就是将六国作为统一体予以打击和征服。

当然，想要修改政策，首先要去掉既得利益阶层的掣肘。公元前271年，掌握秦国大权的魏冉为了扩大自身封地，派军越过韩、魏，去攻击齐国的刚、寿地区，希望将这片区域并入自己的封地陶邑。这一行动对秦国征服关东六国的目标毫无意义，仅是为了满足魏冉自己的贪欲。好在从魏国入秦的范睢及时向秦昭王提出“远交近攻”的原则。同时，针对秦国此前大量军事胜利却没能摧毁六国军事基础的问题，范睢提出了“毋独攻其地而攻其人”，也就是我们现在所说“重点消灭敌人有生力量”的原则。

“远交近攻”相对于此前秦国的连横之策，更着眼于具体战略目标的制定。由于此时六国大多由无能权臣把控朝政，秦国可以用文武手段欺骗不直接接壤的国家对秦国的入侵行动采取“绥靖主义”，而随着秦国将邻国吞并，国力大幅度提升，再对偏安一方的齐、燕等国进行打击，就会手到擒来。

而从守势一方来看，绥靖主义绝对是姑息养奸。比如，第二次世界大战之前英法坐拥强大兵力，却放任甚至协助纳粹德国吞并邻国捷克和奥地利，当1940年德国轰炸机光临英国时，英国人终于被迫吞下自酿的苦酒。类似的情况也发生在日本侵华战争中，以美国为首的列强坐视中国惨遭侵略，结果在几年后日本对东南亚和夏威夷进行偷袭，美、英等国不得不付出巨大代价才最终击败日军。

当然，即便秦国拥有强大国力，连横以及远交近攻等外交和大战略策略也运用较为得当，在战争中仍充满了各种波澜和反复。在长平重创赵国之后，秦国很快就在邯郸城下遭遇了合纵联军的逆袭，竟然一路被追击到河西之地才勉强稳住阵脚。但这次合纵已经是六国的最后闪光，因为此时三晋凋敝，楚弱齐破，六国即便有心联合攻秦，也难以突破函谷关和黄河天险，从而真正威胁到秦国本土。

因此我们可以认为，秦始皇扫六合，实际上是对此前百年秦国历代耕耘的一个总收割。秦国从春秋时代开始，就有意无意地通过扩大国土面积和人口提升国力，在掌握巴、蜀之后，实力已超过其他六国。此外，商鞅变法之后秦国获得了更强的动员能力，军队组织也更为优秀。从总体战的角度来看，秦国的优势远超过三家分晋之后的赵、魏、韩，也要优于齐国和楚国。而且秦国偏处西陲，不容易陷入多线作战。

而无论是连横还是远交近攻，包括“毋独攻其地而攻其人”的原则，都是从外交和战略角度进一步削弱敌人，放大自身优势。合理的战略加上总体战的国力优势，保证秦国即便在统一战争中犯一些错误，甚至遭遇少数几次惨败，仍然能够保证取得最终的胜利。

（文/白孟宸）

函谷关没落史：战国时为何绕不开它？后来又为何没落？

“六国之士……尝以十倍之地，百万之众，叩关（函谷关）而攻秦。秦人开关延敌，九国之师，逡巡而不敢进。”

——《过秦论》

函谷关之险，引无数六国将帅竞折腰。

汉文帝时，西汉名士贾谊正洋洋洒洒写着《过秦论》，在对于秦统六国而并天下的政论中，贾谊将秦国的地理位置优势率先点明，所谓“据崤函之固，拥雍州之地”，再加上历代秦君的励精图治，秦国也就有了“因利乘便，宰割天下”的实力。

崤山与函谷关的险要在先秦时期闻名天下，作为秦国的“东大门”，可以拒六国军队于关外。既然崤函通道横亘于秦与列国之间，那为什么东方列国不选择绕道袭秦？而函谷关又为什么在秦汉之后逐渐没落，为潼关取代？

绕道攻秦的可行性

既然函谷关久攻不下，难道还不能选择其他通道吗？关于这个问题，东方列国君臣也并不傻，崤函通道固然重要，但不意味着秦国守住崤函便可高枕无忧。

从东北方向来看，在晋南汾河平原沿汾水、涑水下游渡河，可以到达渭北，后期秦、赵两国战争也多是在函谷关之外的今山西西南部进行，为了防御这个方向，秦国一度迁都栎阳（位于渭水以北）。

再看黄土高原方向，赵武灵王胡服骑射略胡地，26年拓地云中郡、九原郡，也可以自北向南经过黄土高原进攻秦国上郡。

而东南楚国方向，也可以经由武关直插关中腹地，楚国也曾从武关攻入关中，但是在蓝田遭遇惨败，后来刘邦进关中灭秦也是走武关道，但战国时这条道路除了楚国，其他诸国并不走。

这些道理，东方列国君臣并非不知，但在当时的情况下，晋西南到渭河下游、陕北路线都不好走，进攻崤函通道反而成了秦国与东方列国攻守双方的最优解。

先是渭河下游方向——我们首先将目光投向秦国的东北方向，从渭水以北进攻关中地区也不容易。由于关中西北高东南低，而关中地区的盐碱地也集中于此，越向东地势越开阔，盐化程度也愈高。沙苑以南泾水、洛水、渭水三条大川汇合地区更是泽卤之地。

盐碱化严重导致这片地势坑洼不平，沙多、沼泽多、芦苇多，非常不利于大兵团行军的补给和作战。历史上在以高欢、宇文泰为参战双方指挥的沙苑之战中，高欢乘西魏国内爆发严重饥荒，纠集十数万大军西进意欲一举消灭西魏。

但高欢大军在穿越沙苑时，因为其中连绵不断的芦苇，为数量较少的西魏军提供掩护，而东魏军因为地形起伏无法通视战场被西魏军袭击而惨败，高欢几乎“仅以身免”。

在栎阳建都时期，秦军尚未尽夺黄河以西之地，当秦军沿着渭北遍布的盐碱地布防时，对东方列国来说这条道路却是既难行走，又难进攻，这里完全是守军的天堂。

绕道黄土高原方向——相比渭水下游，走黄土高原进攻也并不容易，关于这条路线，胡服骑射的赵武灵王就很有想法，他甚至还曾伪装成使者试探这条进攻路线的可能性。

《史记·赵世家》中记载：“(赵武灵王)欲从云中及九原直南袭秦于是诈自为使者入秦，秦昭王不知，已而怪其状甚伟，非人臣之度，使人逐之……”

相对于盐碱遍布的渭水下游而言，秦汉时期河套地区的沙漠面积还不如今日广阔，从大兵团作战方面来说，确实没有什么问题。但如果要经过此地长途行军或是发动城池攻防战，除非如匈奴一般以掳掠为主，否则对粮食供给运输就有很大的困难。

这种考验甚至出现在同样长于骑兵、惯于掳掠的鲜卑人身上，在北魏太武帝时，当魏军攻破夏国都城统万城之后，太武帝也没有选择自北向南收取关中盆地，而是在后来另派了一支部队自蒲津渡进入关中地区。

陕北地区城池攻防作战的困难，在后来入关的清军身上也有体现。在吴三桂引清军在一片石之战击败李自成以后，大顺军几乎兵败如山倒，之前投降李自成的明军旧部也接连倒戈，连连战败的大顺军不得已退入陕西腹地被动防守。

此时的清军除多铎、孔有德主持正面潼关方向的进攻外，清英亲王阿济格绕道土默特迂回自保德河南下进攻陕北，由于所经地区道路难行，更早出动的阿济格部花费了很长时间才到达陕北。面对清军的凌厉攻势，李自成安排了自己的侄子李过驻守延安府、高一功驻守榆林卫，利用陕北地区的丘陵险峻地貌呼应防守。

李过、高一功凭险而守，又有丰富的军事作战经验，加上阿济格所在地区获取补给困难，直到正面潼关防线被清军攻破、李自成撤离之时，陕北地区还未被阿济格所突破，哪怕到李自成、李过、高一功的主力部队相继撤离后，百战之余的清军围攻月余时间才得以攻取陕北。

除陕北地区难以攻取外，当时秦国对于上郡地区的防守也颇为重视，白起、严君疾等名将都曾担任上郡守主持上郡的军事建设，即使东方列国君臣同心并力打算迂回进攻，也不得不多加思虑。

在这样的情况下，对攻守双方而言，相比绕道迂回，位于豫西的崤函通道无疑都是双方更好的选择。

函谷关为何没落？

函谷关在先秦时期威名赫赫，号称“丸泥可塞”，其地势险峻用“一夫当关，万夫莫开”来形容一点儿也不过分，但为什么在之后的历史里，函谷关渐渐没落，直到被潼关取代呢？要了解这个问题，就要从函谷关周遭的地形说起。

函谷关的没落在汉魏，而秦函谷关的没落，更是在秦汉交际时。历史上的函谷关并非只有一处，一共有三座，分别为秦函谷关、汉函谷关、魏函谷关。秦函谷关为战国时秦国所建，位于今河南省三门峡市灵宝市北约15公里处的函谷关镇王垛村。

汉函谷关是由汉武帝时楼船将军杨仆出资兴建，位于今洛阳市新安县以东。魏函谷关是由曹魏时弘农太守孟康为方便运粮而在黄河河滩处所建，位于秦函谷关北灵宝市境内，也被称为“大崤关”“金陡关”。

之所以会出现三个函谷关，和秦函谷关的地形变迁有着莫大关系。提到函谷关的地形，就绕不开我国中西部地区的一种独特地貌——塬，塬是一种因流水冲刷而形成，呈台状，四周陡峭、顶上平坦的地貌。

“天开函谷壮关中，万古惊尘向此空”。函谷关也正是因塬而险，秦函谷关西据高原，东临绝涧，南接秦岭，北塞黄河，是我国建置最早的雄关要塞，位在今灵宝市北的稠桑塬涧河夹缝中，稠桑塬是崤函通道东北—西南走向的大塬，横亘在黄河和秦岭之间，阻断东西之间的通道；四周因为河流冲刷而峭壁陡立，甚至于有数十米乃至数百米之高。

稠桑塬，顾名思义，上面乔木密布，桑林丛生，军队根本无法通行。只有在塬中央，有一条裂缝可以通行，那条裂缝就是崤函道。

那么，秦函谷之险为什么消失？一是由于黄河的走向改变，河道加深，黄河水位降低之后原本的河床裸露出来，如果想要进攻完全可以绕过稠桑塬以北的黄河河滩直接经过。二是，随着两汉时期气候转冷，稠桑塬上的乔木杂林日渐消失，也可以选择从塬顶经过。这样一来，函谷关先前的险要就荡然无存了，直到汉末三国，函谷关的地位已然一落千丈、日暮西山。

函谷关的继业者——潼关

既然秦函谷关已经失险，那么对于统治核心区域，位于关中的两汉来说，就需要另一个合格的关隘拱卫关中地区，于是，潼关也随之登上历史舞台，并逐渐取代函谷关成为关中地区的东大门。

潼关位于秦、晋、豫三省要冲的黄河、渭河交汇处南岸台地上。最早的记载出现在《三国志》记录的汉末三国时期，在那时马超与曹操的战争中，就有了“（曹操）割须弃袍于潼关，夺船避箭于渭水”这一典故。潼关和函谷关一样，也是依塬而建，但不同于函谷关横亘于塬之间的裂缝，潼关的位置位于塬顶。

潼关所在的塬名叫作南塬，南塬北侧紧靠黄河，东西各有两条沟道，黄河水直接紧贴着塬体而东流。东侧的沟名叫“远望沟”，西侧也有一条深沟，名为“禁沟”。

从地形上看，潼关的险峻丝毫不亚于函谷关，如果想要经由崤函—潼关道进入关中，那就首先要面对道路极窄的魏函谷关（金陡关），之后要跨过南塬则要跨两侧深险的沟渠，再沿着狭窄的小道登上塬顶，经过潼关城后，从潼水与渭水、黄河的汇流处，最后才能进入关中地区。

而潼关之所以被称为天堑，也是因为潼关关城如同一把钥匙，连接塬顶和沟道，又将其锁死。这座高六七百米的南塬，北依黄河，南靠秦岭，西有禁沟、潼水，东有远望沟，山水与潼关合二为一，断绝了黄河至秦岭之间的交通。而且其谷深崖绝，山高路狭，中通一条狭窄的羊肠小道，仅仅数人宽。因此，整个潼关的关城防御体系通视下来宛若一座浑然天成的城池，紧紧守护着关中平原的门面。

但潼关和函谷关有一个相同的问题，在自然环境改变的情况下，其险峻程度也会随之大大降低，这是历朝历代潼关关城地址屡屡迁移的原因。

隋朝时，由于黄河不断下沉，在原本南塬下的河道上泥沙再一次冲击出河滩，汉魏的潼关防御系统也宣告彻底失效。大业年间，隋炀帝杨广将潼关关城挪到了更靠近黄河的北边，但隋末唐初时黄河仍然不断下切，武则天执政时期更是再次移到黄河南岸的边上，从此潼关关城城址被后世因袭。

随着关城的移动，防守问题再次显现。与函谷关锁住塬中的裂缝相比，唐潼关并不能彻底地隔绝东、西方向，禁沟和远望沟虽然崎岖难行，但如果不考虑翻越，这条道路也是南北的天然通道，为了防守这条通道，唐政府甚至将潼关西沟的通道禁行了，如此一来，潼关以西的沟才得名“禁沟”。

对于潼关的沟道，在《潼关卫志》中也有记载：“守关而不守禁沟者，守犹弗守也，守禁沟而不建十二连城者，守犹未善也。”其中的十二连城，就是禁沟的防御体系。

所谓的“十二连城”，也就是在禁沟之中，每隔数里建一座关城，派驻兵力防守。在整个禁沟中，一共有十二道关城，纵贯禁沟南北，称作“十二连城”。在唐代移动潼关关址以后，十二连城防御体系尤为重要，但即便将防御工事修得再完善，潼关的险峻性降低已是既成事实，正如《潼关卫志》中所说的“守犹未善也”。

唐末的农民起义军首领正是从禁沟自南而北攻破潼关，随即进入关中平原，彻底敲响了唐王朝的丧钟。

直到明洪武五年（公元1372年），明军开始在唐宋潼关城的基础上重修关城，构建了更为完善的防御体系，并设置了潼关卫屯垦。洪武九年（公元1376年），潼关卫官员对潼关城进行了扩建，这次扩建使得潼关城在后世的形制及规模上基本趋于确定，并沿袭使用，穿过明清六百年。

关中平原的兴衰路

从函谷关到潼关，这些煊赫一时的天下名关莫不是随着黄河下游不断冲积、洪涝决口日渐频繁而走向没落。无独有偶，被函谷关、潼关所拱卫着的关中地区也随着气候逐渐变冷，降雨量减少，到了南北朝时期，人口已经大量聚集在潼关以东。

虽然经过隋唐的回光返照，但关中地区因为气候变迁等种种因素，人口承载力出现下降，隋唐之后的关中平原，再也难以承载国都之重。

经济中心和政治中心逐步东移，南、北两京开始接过关中的历史使命，开启中国古都建设的一个新阶段，而函谷关、潼关以及整个关中地区也随着绚烂的隋唐帝国一起，将曾经的辉煌镌刻在历史上。

（文/湘桥蓬蒿人）

邯郸之围：战国时代最后一场大国博弈

公元前259年的初冬，从北方传来战争的消息——秦军从新夺取的上党盆地出击，经滏口陉越过太行山脉，大举进攻赵国都城邯郸。

作为赵国的南方邻邦（两国以漳河为界，魏在漳南），魏国对邯郸的战事表现出高度的关注。一方面，魏赵两国唇亡齿寒。若秦兵攻破邯郸，吞并河北平原，则各国均势就将被彻底打破。强大的秦国即可从西、北两个战略方向同时夹击魏都大梁（此前，秦军只能沿黄河自西向东攻击魏国），魏国的灭亡也就指日可待了。但另一方面，赵国本身也是魏国的一大宿敌，在北方边境问题上经常恃强凌弱。因此，一个被大大削弱的赵国也是魏国所乐见的。如何在确保列国均势的大前提下，尽可能从邯郸之围中获取利益，立刻成为大梁庙堂上激烈辩论的议题。

魏国视角下的时机

以王弟信陵君和老将晋鄙为首的鹰派人物认为，秦军虽在一年前的长平之战中打垮了赵军，但其国力消耗也很大，人力、物力透支罄尽。此刻贸然逾越四百余里太行险隘，孤军深入围攻邯郸坚城，虽战神白起亲至也无必胜把握。二人建议魏军立刻出动，趁秦军远来疲惫、后援迂远之机，北渡漳河自秦围城之军侧后击之，必可取得辉煌的胜利。

以将军新垣衍为代表的鸽派人物则认为，贸然出兵援赵，必然破坏好不容易才建立起来的秦魏友好关系。且秦军若在邯郸城下受挫，其东进战略必将从越太行山隘攻赵，转而修改为沿黄河线攻魏，今后魏国即将陷入独挡强秦的困境。因此这一派建议魏国不动如山，坐观秦赵成败的好。

可以想见，鸽派或许还提出了更激进的方案——魏国还可以考虑助秦灭赵。如此，不但能进一步结好秦国，还可以趁机扩大在漳河之北的疆土。但这一建议遭到了魏国高层的集体否决，理由很简单，秦国绝不会容忍魏国趁秦、赵相争之机在漳北扩土，就如秦国不能容忍赵国趁秦、韩相争而私吞上党一样。

魏国固然不愿意得罪秦国，但赵国于魏国却有唇亡齿寒的利害关系——当存亡的危机大过虚伪的友谊之际，魏国的选择也就不难确定了。于是，一套援赵方案很快即被确定——老将晋鄙率兵十万北上，驻屯于魏赵边境重镇邺城（今河南安阳北郊一带）。

但接下来，晋鄙就按兵不动了。他在等待一个最有利的时机。这个时机，应当是赵国已经被极度削弱、秦军亦已精疲力竭之时。毕竟这是个诞生了“鹬蚌相争”“卞庄子刺虎”之类成语（均出自《战国策》）的时代。晋鄙若不从两强相争中为本国攫取利益，那才叫对不起天地良心呢！

晋鄙这一投机战略的关键，全在于赵国能不能坚守邯郸，以及能够坚守多久。这一点，鸡贼的魏国军队倒是有充分发言权的。

魏国十万大军的如意算盘

战国初年的魏国曾经是中原一霸，屡屡侵略邻国，包括同属“三晋”的赵国。早在魏武侯时代，魏军就曾在赵国内奸的勾结下偷袭过邯郸，结果“魏败而去”——这一仗，比“三家分晋”还早11年。

到魏惠王时代，魏军又再次进攻邯郸，经过长期围城才得以占领。这一战，按《史记·赵世家》说法是围攻了一年，按《战国纵横家书》说法是围攻了三年，按《吕氏春秋》说法则是“(魏)围邯郸，三年而不能取”。总之，魏军这场围城战打得非常艰苦。

这是公元前353年的事情。至公元前259年秦军来攻之际，邯郸城已经历了近百年的扩建增筑，无论是城市规模还是防御坚固度，都已远非魏惠王时代可比。秦军虽然气势汹汹，但白起自己也承认“今秦虽破长平军，而秦卒死者过半，国内空”。况且秦军需要越过崎岖的太行险隘，距离最近的后勤基地上党也有四百余里之遥，保障极其困难。

至少从晋鄙的角度看，让赵国人再守三年问题不大。如果再分析一下晋鄙的驻军位置以及魏军的兵力规模，其作战企图就更加清晰了。邺城濒临漳河，距离邯郸仅仅40公里，折合汉制约96里(一里等于415.8米)。按《荀子·议兵》篇中所记载的“魏氏之武卒，以度取之。衣三属之甲，操十二石之弩，负服矢五十个，置戈其上，冠胄带剑，赢三日之粮，日中而趋百里”，以魏军全副武装的急行军速度，仅需半日即可赶到邯郸城下。

也就是说，若秦军对邯郸发起总攻，则晋鄙的魏军仅需半天即可赶赴邯郸，恰好可在秦军大部正蚁附登城、城池将破未破的最尴尬之际，以作战姿态出现在秦军背后。若秦军先行南下打击魏军呢？则晋鄙也可以依托漳河实施坚强防御，而且邯郸的赵军也必将从秦军背后出击。秦军还是一样尴尬。

此时中原气候尚温暖，漳河水深且宽。如西门豹治邺，就曾将被惩治的巫婆投入荡荡漳水；而汉高祖亲征陈豨，也曾道“豨不南据漳水，北守邯郸，知其无能为也”。这两条《史记》所提及的史料，均足证当时的漳河是适于组织河川防御的。那秦军就不能在保持对邯郸围攻的同时，又分兵打击晋鄙的援军吗？这就涉及魏国对秦军此战兵力的基本判断。

时间在秦国人一边

从长平之战来看，秦军能投入的总兵力也就四五十万人。但长平之战中秦军损耗过半，眼下总兵力不过20来万人。又由于长平之战恰好发生于秋获之际，秦国动员了大批劳动力参与战争或后勤保障，因而错过了农时，故可以判断当年秦国粮食必然出现了巨幅减产，所以才会出现坑杀数十万俘虏甚至放弃乘胜灭赵良机等反常行为。

故邯郸城下，秦国能投入作战的充其量不过十来万人，兵力之薄弱甚至不足以对邯郸形成合围——平原君能屡屡遣出使者赴魏求援，甚至亲自赴楚国游说楚王派兵，新垣衍、鲁仲连这些说客也能够随便进出邯郸城，都是秦军兵力不足的明证。

基于对秦军现实困难和可能兵力的判断，魏国也就仅仅动员了十万军队——战争的最终结果，也证明了魏国判断之准确。

作为一位战争经验丰富的嘎啃宿将，为了及时掌握秦军的动态，晋鄙必然遣出了大量斥候在对手阵后活动和捣乱。

相继担任攻城秦军统帅的王陵、王龁，也是当世名将，他们对魏军的战略企图自然不会毫无察觉，尤其是这些成天活跃在阵线后方的魏军斥候，更是让他们头疼。

但他们必须耐心等待。

由于晋鄙的援军就在背后虎视眈眈，所以王陵一直没敢对邯郸城展开猛攻，战争因而陷入了旷日持久的围城战。由于对“战不善”的极端不满，秦昭襄王嬴稷在次年初便撤换了王陵，取而代之的是在秦军中威望仅次于白起的名将王龁。

但面对着和王陵一样无解的战场僵局，王龁也只能继续采取围困战术。晋鄙的魏军在耐心等待机会，而王龁的秦军也在耐心等待——等着国内逐渐缓过气来，送来更多的援军和粮草，直到能确保在兵力上同时对邯郸城和晋鄙展开两线作战。王龁并非没有希望，毕竟就国力而言，秦国对魏国仍具有碾压性的优势，他只是需要一些时间。

秦国与魏国在比拼耐心，可就苦了邯郸城里的赵国人。随着围城战的持续，城中逐渐缺粮，开始出现“炊骨易子”的情形——长平之战对赵国的农业影响也同样巨大，虽然秦军并未完全封锁邯郸城，但赵国的存粮也不够吃了。

此际赵国的执政大臣是平原君赵胜，他是魏安釐王的大舅子，其夫人就是信陵君之姊，所以赵国就由他出面，频频遣使向魏安釐王和信陵君这两位舅爷求救。但魏国国策既定，晋鄙又难得一次抓住了至少是不败的战术机遇，驻邺魏军眼观六路而不动如山的态度，也就可想而知了。只要秦军不拼死攻城，魏军就坚持端坐不动，饿死多少赵国人对秦、魏而言都不算事儿。

一眨眼，两年就过去了。

冰冷现实的国际社会

眼见两位大舅子手下的魏军打死不动，平原君欲哭无泪，只得另寻援手。

放眼宇内，此际的战国七雄之中，自己是苦主，秦国是对手，魏国在看戏，关系还不错的韩国远隔山河帮不上忙，剩下的自北向南数来还有燕、齐、楚三家。

燕国是骑墙派，一向是秦、赵谁强亲谁，眼前不趁火打劫就算极好了，显然不能指望；齐国在乐毅主导的五国伐齐中伤了元气，他们最怕的就是赵国强盛，眼下是既不愿帮忙也帮不上忙。

唯一还能指望的，就只有楚国了，所以，平原君不惜亲自出马，前往楚国求援。他准备带20名文武双全的门客使楚，但在其3000门客中只挑出19人就选不出来了，于是就有了著名的“毛遂自荐”“脱颖而出”，最终以自荐的毛遂补足了20人名额。

平原君带着这支精干的20人小分队，千里迢迢来到楚都陈（今河南淮阳）。

话说楚国自怀王以来，一直被秦国玩弄于股掌之中，秦国对其偶尔拉拢，但主要是打压，连楚国故都郢城都给抢了去。白起所率秦军还在郢都当起摸金校尉，掘了楚先王之王陵，逼得楚王只好迁都至陈。此刻在位的是楚怀王的孙子——楚考烈王熊完，平原君来访时正是他继位的第六年（公元前257年）。此后的故事就是中国人耳熟能详的段子了——平原君与楚考烈王从日出议论至日中而未定决议。于是毛遂冲进会场，按剑威胁楚王，楚王遂立刻同意了援赵之议。然后毛遂出而向19位同事嘚瑟，又造出一句成语：“公等碌碌，所谓因人成事者也！”由于平原君、信陵君皆是“太史公胸中得意人”，所以在写他们的故事时，司马迁就难免情不自禁地爱屋及乌，让毛遂先生一下子创造了三句成语。至于为啥两位大佬从日出至日中议论不决，太史公却并没有给出一点说明。

毛遂自荐的真相

打开地图一瞅，楚军从陈出发援救邯郸，其行军里程约420公里，折合汉制约1000里。以日行军30里计，约需33日。这条行军路线，必须穿越魏国腹心地带，在魏都大梁以东仅百里之白马津渡过黄河。

楚国在战国列强中，不是一个守信靠谱的盟友。在不久前的乐毅五国破齐之战中，楚国就曾假借援齐的幌子，挟持并杀害了现任齐王建的亲爷爷齐湣王，并从齐国强割了淮北之地。

这次楚军以救赵为名穿越魏国，还要从大梁城边经过，魏国会怎么想？

若再回味一下《战国策》对公元前353年魏军攻邯郸之役，楚国是怎么“救赵”的记述，就不难理解平原君跟楚考烈王该有多少掏心窝子的话要讲了——

> 邯郸之难，昭奚恤谓楚王曰：“王不如无救赵，而以强魏。魏强，其割赵必深矣。赵不能听，则必坚守，是两弊也。”
>
> 景舍曰：“不然。昭奚恤不知也。夫魏之攻赵也，恐楚之攻其后。今不救赵，赵有亡形，而魏无楚忧，是楚、魏共赵也，害必深矣！何以两弊也？且魏（全）兵以深割赵，赵见亡形，而有楚之不救己也，必与魏合而以谋楚。故王不如少出兵，以为赵援。赵恃楚劲，必与魏战。魏怒于赵之劲，而见楚救之不足畏也，必不释赵。赵、魏相弊，而齐、秦应楚，则魏可破也。”

楚因使景舍起兵救赵。邯郸拔，楚取睢、涉之间。

那一次，楚国就是装模作样虚造声势援赵，但直到邯郸陷落也没出现在赵国土地上，自顾自地攫取了魏国东南的睢、涉之间（今商丘一带）。

可以想见，平原君必须对楚国做出足够的承诺，双方必须达成足够的共识——包括对楚军穿越魏国的外交协调、楚军行军路线中的后勤支援等细节事项。

然而，毛遂的冒失行为，导致了一个轻率的决策承诺。

楚国动了，邯郸危了，齐国急了

楚军真的出动了，名目也确实是救赵。但随着楚军逐渐深入魏境，魏国的态度迅速发生了转化。

首先是晋鄙的十万魏军主力，突然放弃了与秦军的一线对峙，从邺城向南退到了荡阴（即今汤阴）。

全军之战斗姿态从对邯郸秦军进攻，改为了很明显地对入境的楚军警戒防御。原本被晋鄙牢牢扯着后腿的王龁，突然获得了行动自由，他会怎么干呢？虽然一时还没有闹明白魏军为什么后撤，但他绝不会放过这难得的机会。

邯郸城遭到了空前猛烈的攻击。平原君这次才真的急了，《史记·魏公子列传》是这样记述的——

> 平原君使者冠盖相属于魏，让魏公子曰："胜所以自附为婚姻者，以公子之高义，为能急人之困。今邯郸旦暮降秦而魏救不至，安在公子能急人之困也！且公子纵轻胜，弃之降秦，独不怜公子姊邪？"

一言以蔽之：请两位舅爷赶快伸出手来吧，不然你们家姑娘就要当秦军的俘虏了！

面对背后越境而来且态度极不明朗的楚军，魏安釐王失去了继续关注邯郸的闲情逸致，他采取了息事宁人和稀泥的态度，派遣新垣衍进入邯郸城，劝说赵国认怂服软，尊秦为帝——秦国也已经精疲力竭了，赵姑爷您就给嬴稷老爷子一个台阶下吧，毕竟他也得给国内军民一个交代不是？

正在平原君犹豫未决之际，旁边看戏的却听着急了。

尊秦为帝这档子事儿，魏国早就干过。上一次赵、魏、韩“三晋”跟秦国抱团的结果，是大家一块儿揍齐国。

齐国从乐毅破齐之后已经失去了大国的军事底子，为了确保自身的国家安全，才转换思路从既往的军事对抗转为意识形态渗透。齐国从襄王开始布局，学燕国用死间苏秦的套路，好不容易把张禄扶上秦国相位再加上一套组合拳，这才挑起了秦、赵这两个西方列强的死斗，齐国也因此赢得了前后40余年的和平，有了在西方列强互殴时看戏的闲暇——现在你们居然说不玩了？齐国人民必须做一些事，来抵制对秦投降派，支持赵国人民坚持抗秦斗争了。

于是，就有了《史记·鲁仲连邹阳列传》。鲁仲连这个齐国说客，赶巧不巧“恰好”正在即将陷落遭罹兵火洗劫的邯郸城里，又“恰好”听说了赵国正犹豫要不要认怂“帝秦”这种国家级机密。

于是，他就找上平原君，要求与新垣衍对话。两人的见面，在新垣衍看来是很尴尬的——对方冷笑着看着他，却一言不发。

新垣衍：今天天气很好啊……你也来找平原君说事儿？

鲁仲连：我能让魏国帮赵国，还能让楚国帮赵国，你信不？

新垣衍：啥？我可就是魏国官方全权代表哦！

鲁仲连（冷笑）：这世界，有些事情你并不理解。附耳过来，我告诉你一个小秘密……出门就说我只是讲了些大道理吧！

新垣衍（满头冷汗，起身，再拜谢）：始以先生为庸人，吾乃今日知先生为天下之士也。吾请出，不敢复言帝秦。

此时，魏国的军队指挥权已经易手。信陵君正在垂泣。他身旁一个屠户模样的壮士讥责道："怕死？哭了？"公子擦擦泪，抬起头来望着远方："可惜了晋鄙这样一位猛将啊！我们此去，他是一定不会听命的，必当杀之。我不怕死，只是很替他惋惜。"

邯郸城下，秦军将士正在拼命攀城进攻。忽然间阵后传来一阵惶恐的喧哗声，正散乱攻城的秦军将士扭头回望，只见八万魏军已静悄悄地以战阵姿态出现在背后，战场已更无悬念。

公元前257年，邯郸解围。

（文/江上苇）

家家有本难念的经，关东诸侯们的困局

按照通常的说法，公元前475年被看作“战国”时代的开始，根据是《史记·六国年表》从周元王元年开始记事。在这一年的前后，华夏诸国发生了几件大事，所以把这一年当作划分时期的标准自有其道理。

自我瓦解的北方强权

第一件事情是，公元前481年，陈国贵族后裔出身的齐国权臣田恒（田成子，上古“田”“陈”同音通用）弑齐简公而立齐平公，独断国政。第二件事，公元前473年，越王勾践攻破姑苏城（在今苏州），迫令吴王夫差自杀，兼并吴国，越兵遂横行江淮之间，勾践号为“霸王”。最末一件事情则是，公元前453年，赵、韩、魏三家联合攻灭智氏，从此晋国强族只剩下这三家。

这三件事中，“田氏代齐”其实不过是从姜子牙开国一直延续下来的齐国老店新开，换了一个国君家族而已；吴越相争则被中原诸侯目为蛮夷相争不足为道；而第三件事，也就是赵、韩、魏在事实上实现了“三家分晋”则是地缘政治上的巨大变局，正是晋国——春秋时期的北方超级大国——自我瓦解，为秦国的东进扩张扫除了最大的障碍。

晋国是西周早期成王所封的姬姓诸侯，开头是个小国，兵力只有一个军（一万人左右）。在春秋早期晋国还爆发了一场内战，结果是作为小宗的曲沃武公攻灭大宗，占了国君的位置。一直到晋献公十六年(公元前661年)，晋才编成上下二军，比起当时拥有三个军的大国（如齐、鲁），显然还差一截。

但是晋国的地理环境有着得天独厚的有利条件。这个国家，坐落在今天的山西省南部，所谓“表里山河”之地。表是外面的意思。打开地图一看就可以发现，晋南汾水流域一带，东、西、南三面被一层层的山脉、河流包住。最外面一层，东面是太行山，西面和南面都是黄河。黄河的东岸有龙门山，北岸有连绵160公里的中条山。这一层层的山河构成天然的防线，在使用马拉兵车作战的时代，敌人很难侵入。

春秋时期，晋国曾有两次大的扩张活动，一次是晋献公时，在齐桓公左一次右一次大会诸侯的时候，晋献公专心向周围地区进行扩张。闷声发大财自然是最好的，虽然齐桓公的名声响，其实晋献公得到的实惠多，他统一了今霍县、蒲县以南的山西南部大部分地区，以及黄河以西洛水以东的部分土地，奠定了晋国称霸的基础。第二次是晋文公、晋景公和晋悼公的三次称霸，把晋国的地盘扩大到山西以东的河南、河北部分地区。到春秋末年，晋国北面发展到山西中部的太原以北，东和东南面越过太行山，发展到河北西部和河南北部，南面也扩大了黄河以南的土地。据当时楚国人估计，晋的兵力有兵车4900乘。春秋时兵车千乘就算大国，晋的力量竟然等于五个“千乘之国”！

这样一个庞然大物的存在直接断绝了秦国逐鹿中原的希望，何况崤山道（今陕县、渑池间）的险要也在晋人掌握之中。公元前627年春，秦穆公不纳百里奚和蹇叔劝谏，出师300乘，潜行远袭郑国（都今河南新郑市）。蹇叔之子与师，哭而送之曰：“晋人御师必于崤……必死是间，余收尔骨焉。”刚愎自用的穆公不听，仍旧下令出兵，但因中途泄密，无功而返。4月，晋国果兴师于崤山设伏，令秦军全军覆没，只轮无还。秦穆公因崤之战丧败，东向发展受阻于兵强势盛的晋国，只能转旆向西，伐戎辟土，灭国十二，终究只能算是偏霸一隅，无法得志于中原。后世的顾栋高就说，“考春秋之世，秦晋七十年之战伐，以争崤函。而秦之所以终不得逞者，以不得崤函”，“二百年来秦人屏息而不敢出兵者，以此故也”，可以说是颇有见地。

但晋国这个超级大国却有着严重的内部问题。晋景公十二年（公元前588年），晋国设置六卿，直接掌握并统率六军。六卿逐渐坐大，竟至架空了国君，“礼乐征伐自卿大夫出”。特别是“悼公以后日衰，六卿专权”。晋昭公去世后，“六卿强，公室卑”。晋顷公时，“六卿欲弱公室，乃遂以法尽灭其族，而分其邑为十县，各令其子为大夫。晋益弱，六卿皆大”。这样的晋国不仅无法对外扩张维护霸权，而只能与吴国在黄池之会上争些口舌，甚至迅速陷入了“六卿”之间的残酷内战，待到韩、赵、魏终于成为六卿混战最终胜利者时，晋国实际已经解体，国君虽仍在位，早已同虚设的一般。到公元前434年晋哀公去世，幽公即位的时候，属于国君的领土只有绛和曲沃两城，反而要去朝见三家了。宋朝司马光编《资治通鉴》，把公元前403年周威烈王承认三晋为诸侯这件事作为全书的开端。后人往往以此作为“三家分晋”的年代，其实当时三晋已经存在了半个世纪之久了，虽然晋国在名义上一直存在到公元前4世纪中叶，但只是魏国的附庸而已。

颓废的南方强权

在晋国解体的同时，春秋时期长期与之对峙的南方之强——楚国国力也衰弱了下去。

楚国是当时华夏世界最大的国家。春秋末年，它已有现在的湖北全省、湖南、江西、安徽的大部分和半个河南。后来南面取得今江西南部和湖南、广西间的苍梧一带，从而把领土扩展到岭南地区，东北面取得山东南部，东面灭掉越国（约公元前333年或公元前306年），把春秋时吴、越两国的土地（今苏南、浙北及上海市）完全收入版图。它坐拥当今中国南方大部，进可以威胁中原各诸侯国称霸称王，退可以以一国之力守卫本土，防止他国入侵。这个地最大、人最多的国家，在春秋时一直保持发展的势头。楚庄王“问鼎中原”，已有统一天下的雄心。楚国所处的长江中下游地区已是普遍的产稻区，土地肥沃，这使得楚国所拥有的粮食产量相当充足。在生产技术方面，它生产的丝织、刺绣、漆绘均十分先进，它在开矿、冶金等方面都有突出的成就。古代江南出产金属矿物，很有名气。楚国能用金银造币，没有资源，根本不可能做到。湖北大冶铜绿山发现楚国铜矿遗址，矿井深50米以上……假使这个趋势不变，由楚国来统一全中国，应该不成什么问题。但是楚国在战国时发展很不顺利，屡遭挫折。

这个悲剧的根源在哪里？根源恐怕在于旧贵族的势力太顽强，他们破坏了一切改革运动。政治上的分权体制以及内政的腐败使得楚国的国力难以有效地发挥，使楚国大而不强，反而越大越臃肿。与此同时，楚人敬畏鬼神的传统意识很浓，这更加重了楚人政治上倾向于保守，缺少积极进取的意识。

楚悼王的改革夭折就是一个例子。公元前402年，楚声王竟然被盗贼所杀，可见楚国的内部危机已经到了怎样地步：楚国宗法贵族势力强大，贪婪无忌，好伤贤以为资，厚赋敛诸臣、百姓，致使“楚国多盗……盗贼公行而弗能禁”。继位的楚悼王企图打破不用异族的旧传统，向中原各国寻求变法人才。于是，魏国名将吴起到楚，深感悼王知遇之恩，协助悼王改革吏治，限制贵族的特权，裁减官吏，集中财力抚养战士。变法虽然遭到许多旧贵族的反对，但楚的国势果然大有起色。公元前381年，楚国攻魏救赵，一直打到黄河边上。不幸悼王就在这年去世，楚国的宗室大臣作乱，要杀害吴起。吴起逃进灵堂，伏在悼王尸体上面。贵族一阵乱箭，射死了吴起，也射中了悼王。太子肃王即位，追究射悼王尸体的罪行，贵族被灭族的达70余家。吴起改革的时间很短，改革的内容主要限于军事，他一死，改革运动也完了。楚国军政大权仍旧掌握在与楚王同（芈）姓的世袭贵族昭、景、屈三家之手。到楚怀王时，楚国政治生态更加恶化，内部派系斗争尖锐。有心振兴楚国的屈原，不被重用屡遭流放，最终含恨而死，反而是令尹子兰这样无能小人充斥着楚国朝野。

楚国贵族的腐朽暴虐便利了秦军的入侵。顷襄王二十一年（公元前278年），秦将白起攻破楚的郢都，烧夷陵（现在的湖北宜昌），东进到竟陵（今湖北潜江西北），南进到洞庭湖一带。楚国被迫迁都到陈（今河南淮阳），受到了空前沉重的打击。至公元前277年，秦又攻取楚的巫郡、黔中，设置黔中郡。从此，楚国西部的半壁江山为秦所得，其颓败之势已难以挽回。

在以后50年中，秦国再也没有大举进攻楚国。这时的楚国虽然失掉郢都、巫郡、黔中，仍是一个大国。公元前256年灭鲁以后，它拥有现在的江、浙、沪、皖、赣五省市以及山东南部、河南东南部、两湖东部，是当时人口最多的国家，能够出动100万左右的军队。春秋末期的吴人、越人是天下精兵，楚有了吴、越旧地，自然也得到了勇敢善战的兵士。

然而楚国统治者的内心，已经患上了“恐秦症”。公元前273年，“秦昭王方令白起与韩、魏共伐楚”。以善“辩”和“游学博闻”著称的楚国春申君黄歇上书秦昭襄王劝阻，信里的逻辑很奇怪：韩、魏是秦的世仇，应当先与楚联合讨伐之，韩、魏既服，齐、楚、赵、燕四国“不待痛而服矣”。而这正是三年后范雎所教秦昭襄王的“远交近攻”之计。春申君等于要让楚国充当秦国的打手之后，再自己去套上绞索。此后，尽管秦军已经多年不曾进攻楚国，楚考烈王为了避秦，竟迁过两次都。公元前253

年，从陈迁到巨阳（今安徽阜阳北）。公元前241年再迁到寿春（今安徽寿县），用旧都的名称叫“郢”。这种做法很可笑，巨阳和寿春，相去不过二百里，大致相当于步兵三天左右的路程，秦兵能到巨阳，自然也能够到寿春。也许他们以为寿春在淮河南岸，多一重保障，殊不知我能往寇亦能往的道理！一个国家不发愤图强，只想避敌、不激怒敌人，只图苟安，只能是静待屠刀落到头上的日子。楚人当年就是这种样子：不做一点儿兴国的工作，几乎是坐在那里等待灭亡。想来想去，也只能用“颓废”来形容他们了。

四战之地的“三晋”

相比之下，晋国的继承者们显得要比楚人有进取心一些。

三家分晋之中，赵国取得今山西中部吕梁山以西至黄河东岸的部分地区，以及山西省北部和东南部的部分地区，逾太行山并领有今河北省的南部。韩国得到今山西省东南部和河南省中、西部的地区。而魏国得到了最有价值的一份遗产，获得了今山西南部、河南北部的原晋国本部精华所在。魏都安邑所处的河东（山西西南部）原为晋国的政治、经济中心，故而一直到了战国，魏仍被人们习惯地称为晋。相比之下，韩、赵两家的土地，总的来说较为贫瘠。《汉书·地理志》曰：“赵、中山地薄人众。”战国纵横家张仪也说：“韩地险恶，五谷所生，非麦而豆；民之所食，大抵豆饭藿羹；一岁不收，民不厌糟糠，地方不满九百里，无二岁之所食。”韩国境内的河南西部多山地，农业生产较差，只有河南的中部地区农业有一定发展。反观魏国地跨冀州和豫州，土地属于“中中”等和“中上”等。

司马迁把河东与河内（今河南黄河以北、太行山东南地区）、河南（今河南黄河以南地区）并称为“三河”，认为“三河在天下之中”，“土地小狭，民人众”。这是农业生产发达、人口众多的富庶地区。魏国河东所在的运城盆地，土壤肥沃，再加上涑、浍、汾诸水的灌溉，非常有利于农作物的垦殖。但是，运城盆地北依霍太，东靠太行，西临黄河，南也阻于中条黄河，面积较小。战国初期，魏文侯任用李悝为相，推行“尽地力之教”，发展精耕细作，提高土地的利用率和单位面积产量，使魏国富强一时。

战国前期，魏、韩、赵三国在“三家分晋”的基础上结成联盟，形成唇亡齿寒的相互依赖关系。魏国就是依靠这个联盟相继打败齐、楚、秦等大国，进而独霸中原。从魏文侯元年（公元前445年）起，经文侯、武侯两代，到魏惠王二十九年（公元前341年）马陵之战，魏军大败止，足足有100余年时间，魏国是中原的霸主。因此，很自然地，魏国的统治者也自视为春秋晋国霸业的后继者。

但是三晋的联盟是基于恐惧和利益而非基于友谊，当利益发生冲突时，三晋联盟便分道扬镳了。到了魏惠王时，由于魏国过于强大并显露出统一三晋的意图，从而引起韩、赵的不安，并趁其即位之时进行武装干预，引起三晋分裂，魏国霸业的基础就不复存在了。在这种背景下，公元前361年，魏国迁都大梁（今河南开封），接着开通了以鸿沟为中心的中原运河系统。鸿沟是一条从西北往东南走向的水道，大致是引黄河的水，向东经开封以北，再向南到淮阳东南，流入颍水。中原的主要河流都同它联结。颍水南流进淮水，因此有了鸿沟，整个黄淮平原的水道交通就到处可以通行了。惠王搞这样的大工程，雄心显然很大。所以迁都的主要原因是要在三晋分道扬镳后将魏国的中心移到河南，想在中原有个大发展。当时中原的鲁、宋、卫、韩的君主都到大梁去朝见惠王，魏惠王是很神气的。

魏国初期强盛时，大梁地处中原，“为天下之中”，地理条件优越、交通发达。在以进攻为主要形式的战略中，这种地缘是非常有利于整个国家发展的。然而，一旦魏国的霸业走向衰落，这种地缘优势就迅速转化为战略劣势。在桂陵、马陵之战两次大败于齐军后，魏国一蹶不振，更陷入四面受敌的窘境。“魏地四平，诸侯四通，条达辐辏，无有名山大川之限”，四周和秦、赵、齐等强国相邻而其处于中心，地缘政治环境非常不利。这种形势，古人称为“四战之地”，就是四面都可能受敌国攻击。人称“魏之地势，固战场也”，此后就只有挨打的份了。

在这方面，另一个难友韩国也好不到哪儿去。战国初年，尽管周天子名义上还存在，但实际已沦为小国苟延残喘，此外还有中山、宋、卫、邹、鲁等小国，即所谓“泗上十二诸侯”，而真正在国际舞台上活跃的不过秦、楚、赵、魏、韩、齐、燕，即所谓“战国七雄”，同属“三晋”的韩国本就是其中忝陪末座的弱国，连吞并从春秋初期后一直沦为二流国家的郑国（在今河南郑州周围）的过程也显得艰难无比，几乎是在以生死相搏。但即使兼并郑国也只是接过了一个烫手山芋，春秋时的郑国本就是晋楚争霸的焦点，韩国继承郑国的这一负资产以后，地处“天下之咽喉”，“为秦、魏之门户”，夹在魏、秦和楚等强国之间，且无险要关隘可以防御，常常是强国兼并土地、扩充实力的对象，故有“春秋战争之多者莫如郑，战国战争之多者莫如韩”之说。结果，自战国中期后，韩国始终在夹缝里委曲求全，苟且求生。

至于“三晋”中的赵国，在实行“胡服骑射”的改革之后，在北方攻取中山，攻略胡地，军事力量大为加强，曾一度成为能和秦国抗衡的强国。但赵国所处的地缘环境远逊秦国，不但在西面需要正面与秦军对抗，在南面需要应对韩、魏的摩擦，在东面需要戒备齐国与燕国，甚至当匈奴崛起后，赵国也不得不在北部边界保持一支为数众多的边防军，譬如李牧在其主持的反击匈奴战役中就投入了多达兵车1300乘、骑兵13000人、英勇善战的战士5万人、弓箭手10万名。这自然使赵国无心也无力如秦国一样心无旁骛地进取中原。

“战五渣”的燕国

所谓“七雄”之中成事不足者，一为韩国，一为燕国。作为西周分封的最东北封国，燕国居于今河北省（及北京、天津）北部和辽宁省西南部，兼有今山西省东北部。其北部和东胡、林胡接界，西和中山、赵接界，南边靠海并和齐国接界。由于燕国地处北荒，与戎狄杂处，在相当漫长的历史时期，“外迫蛮貉，内措齐、晋，崎岖强国之间，最为弱小”。春秋时期，燕国第一次爆出的大新闻就是为山戎相攻，被迫向热衷“尊王攘夷”的齐桓公求援，结果留下一个“老马识途”的成语。即使在进入战国时期之后，燕国仍然处于边缘化的位置，以致在“三家分晋”之前，燕国史事依然鲜有记载。

战国初期，燕国较少参与中原诸国的战事而多用兵于北方少数民族，曾取得一些胜利，拓地辽东，使其国力有较大提高，如苏秦所说“燕东有朝鲜、辽东，北有林胡、楼烦，西有云中、九原，南有呼沱、易水。地方二千余里，带甲数十万，车六百乘，骑六千匹，粟支十年”。燕国所处之地农业生产的自然条件较差，然而就生产技术来说燕国却丝毫不在中原诸国之下。据考古发现，在燕国疆域内，发现了很多战国时期的铁制生产工具、金属货币、作坊遗址和城镇遗址，铁农具的设计、制造都比较先进，丝毫不低于同时代中原内地的技术水平。

然而，燕国毕竟地处北方荒芜偏僻之地，其真实实力在与中原诸侯之间的对抗中暴露殆尽。公元前314年，齐宣王趁燕国内乱令匡章伐燕，只用50天便攻下燕国都城。公元前298年，齐又“北与燕战，覆三军，获二将”。虽然燕昭王“千金买马骨”，发愤图强，军事实力有所提高，重用乐毅，率五国联军攻入齐国，使得燕国夺取齐国七十余城，一时间显赫于诸侯，然而，燕昭王去世之后，燕惠王却由于对乐毅的不信任而用骑劫为将，致使燕军在围攻齐国5年后前功尽弃，被田单逐出齐地。燕国就此错过了唯一一次兼并齐国从而跃居大国行列的机会。自此之后，燕又恢复到一个弱国的地位，凭借易水天险和燕南长城以自保。

但是，弱小和无知不是生存的障碍，傲慢才是。公元前260年，眼看赵国在长平之战后“壮者多死”，燕王喜听从丞相栗腹的建议，不顾燕赵两国唇齿相依的同盟关系，妄图趁火打劫侵伐赵国。结果，公元前251年，燕王喜起兵多至60万，“令栗腹以四十万攻鄗，使庆秦以二十万攻代”。结果被赵将廉颇率领一帮童子军以少胜多，打得落花流水；之后再侵再败，赵大将乐乘反而围攻燕都，迫使燕国求和，令燕王喜的狂妄自信沦为一场闹剧。

这实在是愚不可及的蠢行。实际上，战国后期赵国是在凭一己之力抵抗秦军，保全山东诸国。若赵国疲敝，将被灭亡的绝不仅是赵国。稍有常识的人都可以看出，赵国灭亡后，如果秦国的铁骑继续前进，难道是螳臂当车的燕人所能抵挡的吗？燕王喜应该采取支持赵国的政策，利用赵国做屏障，他却反其道而行之，只想利用赵国疲弱的机会，夺取赵国的土地。这种相互征伐的战争消耗了燕、赵两国的国力，却为秦国的统一提供了便利。即使燕军能够得胜，能够侵占到一点赵国土地，也不过是帮了秦国的忙，让它灭赵时省点气力，让它早点和燕国接壤，可以直接进攻燕国而已。

赵国灭亡后，燕人才发觉大祸临头。在绝望情绪的支配下，燕太子丹采取了一个即使成功也不见得会有任何效果的措施——派荆轲到咸阳谋刺秦王。这件事情本身，确有强烈的悲壮气氛，但却丝毫无法改变虎狼之师一般的秦兵席卷天下的历史大趋势。秦始皇二十年（公元前227年），秦军“破燕易水之西”，接着“王贲攻蓟，……破燕太子军，取燕蓟城”，最后“大兴兵，使王贲将，攻燕辽东，得燕王喜”，灭亡燕国。从召公受封燕地到燕国灭亡的八百年中，除了乐毅破齐，燕军在战场上竟然从未取得过一次对中原诸侯国的值得一提的胜利，如此“战五渣”一般的“战国七雄”，实在也是令人汗颜。

没有地利的“东帝”

在关东六国中国祚维持最久的是齐国。但这并不是因为齐国末代国君齐王建为政之道有什么过人之处。其原因只有一个，距离秦国远。

齐国是东方大国，在战国初年已拥有今山东省的大部，兼有今河北省东南部一部分。其疆域东临大海，北与燕接壤，西与赵、卫（魏的附庸）相接，南与鲁、越等国接壤。齐国偏居东方，处于中原侧翼，又是一个三面环海的半岛，其地缘政治环境比起“三晋”有利得多。齐国在战国中期曾与秦国并称为东西二帝，除了与其国力强大有关，还与其四周缺少强大的邻国，在对外扩张中无后顾之忧有关。苏秦组织合纵时，在临淄就对齐宣王说：“齐，南有泰山，东有琅琊，西有清河（漳水），北有渤海，此所谓四塞之国也。”这个评价的确也跟秦国差不多。

在经济方面，齐国地处华北平原富庶之地，土地肥沃，物产丰富。司马迁曾说：“齐带山海，膏壤千里，宜桑麻，人民多文采布帛鱼盐。”齐国东临大海有丰富的渔盐资源，且地处交通要道，四通八达，商业活动非常频繁。齐国积极利用这些有利条件开展对外经济交流，如齐国将粮食、盐卖给赵、魏等国以换取黄金，然后再用黄金向滕、鲁等国购买粮食，以赚取差价。齐国经济的繁荣发达也是其在战国中期显赫一时的重要原因。

齐威王、齐宣王、齐闵王祖孙三代在位时期是战国时期齐国的鼎盛时期。齐威王败魏军于桂陵，齐宣王败魏军于马陵，齐闵王率领魏、韩联军南胜楚国于垂沙，并组织诸侯联军攻秦三年，终于攻破了天险函谷关，迫使不可一世的秦国割地求和，将齐国国势推至巅峰。但齐国所缺，恰恰是一座属于自己的“函谷关”。关于齐国所在的山东地形的战略意义，明清之际的江南学者顾祖禹曾作过中肯的评价：“山东以自守则易弱以亡，以攻人则足以自强而集事。”原因在于，山东地处华北平原，缺少有像秦国那样险要的关隘可用来防御，不易固守；且山东低山丘陵方圆不过几百里，缺乏纵深，几处险要一被突破，全境即可能被击穿。更有甚者，齐地近中原（或者本身就是中原的一部分），与其他诸侯国的利害关系过于胶着，牵一发而动全身，任何鲸吞蚕食的意图都容易遭到其他诸侯国的反对。故齐强盛之时，虽有战胜之名，却未能略地拓境。后来齐闵王以倾国之兵攻宋，虽然宋国的君主康王在当时国际口碑极差——古书上说康王用皮袋盛血，高高挂起，用箭射去，叫作“射天”，此外还有种种暴行，被诸侯叫作“桀宋”——但是利益与道德无关，齐国攻克膏腴之地的宋国（又割取楚的淮北之地），仍然引来天下诸侯的恐惧，成为众矢之的。周赧王三十一年（公元前284年），燕将乐毅成功组织起燕、秦、魏、韩、赵五国之师群起而攻之。这时的“齐虽强国也，西劳于宋，南罢于楚，则齐军可败而河间可取”。齐闵王率领全国军队，在济水（古济水下游，与现在黄河下游的河道近似）以西平原野战迎敌，被五国联军打得大败。乐毅见战局进展顺利，遂分遣魏国之师南略宋地，遣赵国之师北收河间，自率燕军深入山东腹地，齐人大乱。燕军乘胜长驱，齐城皆望风披靡。乐毅攻克齐都临淄，兵分五路，攻略全齐。燕军势如破竹，六个月之间，连下齐城70余座，皆置为郡县。齐仅剩即墨（今山东平度）、莒两城，险遭亡国厄运。

这也是齐国由盛转衰的转折点。之后，虽有田单以“火牛阵”破燕复国，但遭受重创的齐军从此一蹶不振，再不复齐威王时代的军威了。复国之后的齐国不但再也未能恢复到战前可与秦国抗衡的国力，甚至连逐鹿中原的想法也已经不复存在了。特别是当公元前264年齐襄王（齐湣王之子）去世后，继位的齐王建尚且年幼，其母君王后听政。从这时起，齐国彻底失去了威王、宣王时代的大国雄心，直到灭亡的几十年里都在奉行“事秦谨，与诸侯信”的混日子战略，置身战国旋涡之外而求一时苟安，终于难逃“六王毕，四海一”的结局。

（文/郭晔旻）

大秦一统

秦国在地利上究竟沾了多大的光

秦四塞之国，被山带渭，东有关、河，西有汉中，南有巴蜀，北有代马，此天府也。以秦士民之众，兵法之教，可以吞天下，称帝而治。

——《史记 · 苏秦列传》

四塞之国

传说在商代后期，周人首领古公亶父率领部众，迁移到岐山下的周原（今陕西岐山），造了城郭、宫殿、宗庙。从此以后，周才成为一个较为强大的方国，并奠定了“凤鸣岐山”、武王伐纣创立西周王朝的基础。到了西周末年，周幽王“烽火戏诸侯”，犬戎攻入京城镐京，灭幽王于骊山之下。继位的周平王眼看关中残破，决意东迁洛邑（今河南洛阳）。

堂堂周天子迁都，场面却实在凄凉。公元前770年，平王东迁时，一路上连护卫的兵力也不够，幸而有卫、秦等国派兵护送，才得安全上路。卫国原是周室同姓大国，但远在现在的河南北部，卫武公亲自领兵到关中，保卫周王，很是难能可贵。至于“秦”，当时还够不上诸侯的资格，他们的始祖非子，嬴姓，在周孝王时养马有功，才得了秦（今甘肃天水）的封地，算是周的附庸。秦人杂于戎、狄之间，国小无爵，列国几乎将其与戎、狄等视。但这时的首领秦襄公对周很忠顺，为了报答秦人的功劳，周平王和他分手时遂封秦襄公为正式的诸侯，还给他开了一张空头支票，“赐之岐以西之地”。为什么说是空头支票呢？因为当时周室起家的“岐丰之地”早就沦为各戎族的乐园，秦人的领有权不过徒有虚名罢了，要化名为实，只有一个字：打。

秦国为了兑现那张诱人的空头支票，不得不与戎人进行激烈的争斗。按照《礼记·王制》的说法“西方曰戎，被发衣皮，有不粒食者矣”，表明“戎”是些穿兽皮不食米的畜牧和游牧部落。这样的战争并不轻松，以至于秦襄公“十二年，伐戎而至岐，卒”，但秦人终于经过长期不懈的战争在关中地区站稳了脚跟。不仅如此，“（穆公）三十七年，秦用由余谋伐戎王，益国十二，开地千里，遂霸西戎”。穆公时代（公元前659—公元前621年）是春秋时期秦国国势的最高峰，有种说法还把穆公算成是春秋五霸之一。但这个霸主的成色实在无法与齐桓晋文相提并论，后者是称霸中原，而秦穆公是只能关起门来做做西戎霸主而已。

不过，秦只是“霸”西戎而不是灭西戎，之后的秦国仍然要面对戎族的纠缠。到了周贞定王八年（公元前461年），秦国攻灭大荔戎；与此同时，赵亦灭代戎（北戎），韩、魏也兼并了伊、洛、阴戎，“自是中国无戎寇”。在其他各戎相继为华夏族的武力逐出历史舞台之际，作为西戎八国之一的义渠却“筑城数十，皆自称王”，作为最后一个戎国延续到战国时期，竟能继续与强秦周旋近二百年，成为秦国的心腹之患。这个义渠在历史上出现的时间极早，早在商王武乙三十年（约公元前1118年），周文王姬昌的父亲季历就出兵讨伐过义渠，其势力中心则在今天甘肃宁县。

商鞅变法之后，秦国的威势空前隆盛。秦惠文王七年（公元前331年），“义渠内乱，庶长操将兵定之”，十一年（公元前327年），秦军进一步迫使义渠君向秦廷称臣，并置义渠为“县”。按说，这应当意味着对义渠的完全控制。但奇怪的是，此举并未触动义渠国的统治体制，义渠国君虽然称了“臣”，但权位仍在。《战国策》记载，义渠君曾出访临近的魏国，提倡合纵抗秦的名臣公孙衍（张仪的对头）与之交谈，表示秦对义渠的态度取决于列国形势的变化：当中原各国威胁秦国时，秦国将讨好义渠；反之，秦国将攻掠义渠。

果如公孙衍所言，公元前318年，燕、楚、韩、魏、赵五国伐秦，秦王担心后院起火两面受敌，接受臣下“赂之以抚其心”的建议，“以文绣千匹、好女百人，遗义渠君”。但义渠并不买账，还是趁五国伐秦之机，“因起袭秦”。这次五国伐秦以败北收场，反倒是义渠乘虚而入，大败秦人于李帛之下。此后双方攻战不休，李帛之役后四年，秦军征伐义渠，攻占了义渠的25座城池；秦武王元年（公元前310年）又攻打义渠，但均未能灭亡其国。

到了秦昭襄王即位时（公元前306年），秦国与义渠的关系一度缓和，义渠王还亲自到咸阳朝贺。正是在这次朝贺后，义渠王惑于宣太后的柔情而乐不思蜀，一直住在咸阳的甘泉宫，更“与宣太后通，生二子”。在宣太后掌权近40年内，秦国与义渠一直相安无事，直到公元前271年，“宣太后诈而杀义渠戎王于甘泉，遂起兵伐残义渠”。史上最后一个戎国义渠就此灭亡，秦国在其故地设置了陇西、北地、上郡三个郡，将西北边界推至了今天的内蒙古、甘肃一线，直接与胡（匈奴）相对。义渠既为秦灭，其民自然为秦所用，这里的居民风俗劲勇，民皆习战，“修习战备，高上气力，以射猎为先”，自是优秀的兵源，秦国据有了这里的土地和人民，自然大大增强了军事实力。更重要的是，秦国在此筑长城备边，终于闭合疆域而成“四塞之国”：东有函谷关、南有武关、西有散关、北有萧关。秦灭义渠之后，正是萧关（在今宁夏固原东南）的陇山扼守住自泾河方向进入关中的通道，保护关中西北的安全，解除了秦国逐鹿中原的后顾之忧。

八百里秦川

在这个“四塞之国”的中央，是号称“八百里秦川”的关中平原。这是一个为渭河、泾河、洛河及其支流形成的冲积平原。这条狭长的谷地西起宝鸡、东抵潼关、南界秦岭、北接渭北北山，渭河从西到东横贯整个平原。

此地今日仍是陕西省的粮仓，而春秋战国时期，这里的自然条件远比今日好。根据《左传》的记载，鲁僖公十三年（公元前647年），晋国发生饥荒，秦输粟于晋，由秦都雍派大船队沿水路运粮至晋国之绛，号称“泛舟之役”。考其路线是由渭水下航，然后进入黄河，再由黄河转入汾河，溯汾河上行，又进入浍河，然后到达绛都。现在这些河段除黄河外早已不通航了——水少河浅之故。因此，日后的班固就在《汉书》里称赞“秦地有鄠杜竹林，南山檀柘，号称陆海，为九州膏腴”。古人认为海洋是各种物产集中的场所，所谓“陆海”，就是陆上的海洋，意思就是像海洋一样富饶。从这一比喻完全可以看出当时关中一带森林的密集程度和丰富出产。实际上，从春秋战国直到西汉初年，陕、甘之间的陇山一带还有广大的森林。当地的百姓修盖房屋从上到下完全使用木板，不用砖瓦或其他建材，故称为“板屋”。战国后期入秦的荀子也认为秦地“山林川谷美，天材之利多”，林木资源十分丰富。

这样就大大减少了水土流失，保存了土地的天然肥力，使关中的土壤在当时也是全国上等的。“厥土唯黄壤，厥田上上”——《尚书·禹贡》里如此写道，此书作者是战国人，正反映了当时的情况。日后的司马迁也证实：“关中自汧、雍以东至河、华，膏壤沃野千里，自虞夏之贡以为上田。”关中地区位于黄河中下游的黄土高原和冲积平原上，这里的土壤是肥沃的黄壤，土质结构疏松，在生产工具简单、铁器尚未运用的情况下，易于清除原始植被和开垦耕种。黄土冲积平原的肥力虽不如其他冲积平原，但在黄土高原的原始植被还保存较好的当时，冲积土中的养分比后世水土流失严重时的含量自然高得多。

这块地方是西周王朝的发源地和政治、经济、文化中心。周人首营关中，对八百里秦川开发较早。西周建立之前，周族就以农业发达著称，相传周族的始祖弃就善于农耕，他“播时五谷”，被后人视为神农后稷。西周时期，周人已会疆理农田、选择良种、施肥、除草、治虫等，农业生产技术取得了很大进步，尤其是轮荒制和休闲制，是周人在前人基础上的创造。这两种耕作方法可以保证土壤有足够肥力，便于农作物的生长。可以说，西周是我国农业发展的重要里程碑，奠定了我国传统农业的基础。而秦人在驱逐西戎尽收周余民后自然继承了周族先进的农业积蕴，使初秦农业在较高基点上进一步发展。

毋庸置疑，在古代社会，农业的发展至关重要，是国家财政收支的主要来源。除此之外，在八百里秦川的西北外围，畜牧业比较发达，《汉书》中称其“畜牧为天下饶”；秦国境内的山地丘陵还多矿产资源，如玉石、丹砂、铜、铁等均含量丰富。关中平原南北的山地，有丰富的矿藏可以利用。秦岭支脉的骊山“其阴多金，其阳多美玉”。蓝田的美玉，涪陵的丹砂，当时已名重一时。《管子·地数》记载，大约在今华阴市南的符禺山、华县的阴山、渭南市东南竹山、西安市长安区的龙首山等均有铁矿。从关中不断出土的铁生产工具来看，关中周围的山脉铁矿含量是丰富的。《汉书·地理志》曾记载郑、雍、夏阳、陇西等地都设有铁官，而关中地区出铜的山脉在《山海经》的记载里也有五处之多。在古代社会，铜铁都是制造武器的好材料，属于重要战略物资。

因而，司马迁在《史记·货殖列传》中写道：“故关中之地，于天下三分之一，而人众不过什三（30%）；然量其富，什居其六（60%）”，这表明，在当时的生产条件下，关中地区的富庶是非常令人瞩目的。

天府的加成

虽然如此，当时秦国的土地毕竟不过现在陕西一省和甘肃东部，主要产粮区只有关中平原，秦国的人力、物力资源都称不上十分丰富。司马错就说秦国尚属“地小民贫”，其中的“地”即指可耕之田。直到公元前316年，秦惠文王趁东西两川地区的巴、蜀两国相攻，遣司马错等统兵击灭巴、蜀，“取其地，足以广国也；得其财，足以富民”。秦国的国势才如虎添翼，凌驾东方各国之上，如史书所言，“蜀既属秦，秦以益强，富厚，轻诸侯”。

巴、蜀所在乃是四川盆地，长江及其支流呈向心状汇入盆地底部，东流出川；江河冲积，形成肥沃的平原，宜于农业生产。兼巴并蜀之后，秦在巴蜀地区苦心经营，筑城邑，兴水利，修栈道，很是下了一番功夫。张若做蜀郡守40年，他依照咸阳城的规模布局，建筑了成都城。他设置了管理织锦、冶铁、井盐的机构，对巴蜀的经济发展起到促进作用。另一位蜀郡守李冰则兴建了著名的都江堰工程，灌溉良田千里，使巴蜀之地“水旱从人，不知饥馑，时无荒年”，从此四川盆地便被称为“天府”。《汉书·地理志》也称赞巴、蜀、广汉等地“土地肥美，有江水沃野，山林、竹木、蔬食、果实之饶”。另外，四川地多盐井，获利丰饶。所以到了诸葛亮作《隆中对》之时，四川盆地所在的益州已经被认为是“天府之土”“民殷国富”。

秦国不仅拥有了如此富庶的土地，在军事地理上凌驾关东诸侯之上的优势，也在取得蜀地后变得更加显著。巴蜀是典型的盆地地形，在盆地外围的每个方向，都是崇山峻岭，层峦叠嶂，防护之厚远非其他地域可比。四川的西、南两面地形复杂地势险恶，在吐蕃、南诏于隋唐之时崛起前外部更无敌寇；只有东、北两面是其与外界的主要联系方向。北面通过千里栈道，巴蜀即与秦的本土连为一体，巴蜀丰富的物质资源可以畅通无阻地运往关中，这对于秦国迅速壮大无疑有重大意义。秦取巴蜀，不仅增强了国力，而且改变了对楚国的战略态势。在东面和楚国交界的地方，有汉水上游的山地和三峡天险，易守难攻。相反，秦军若沿水路向长江下游进军攻楚却相当便利，“秦西有巴蜀，大船积粟，起于汶山，浮江已下，至楚三千余里；舫船载卒，一舫载五十人与三月之食，下水而浮，一日行三百余里，里数虽多，然而不费牛马之力，不至十日而距扞关”。正因如此，秦国占据了对楚国外交的有利地位，“蜀地之甲，乘船浮于汶，乘夏水而下江，五日而至郢（楚国都城）”之类的威胁也每每见诸秦国对楚国的外交恫吓。至于据有巴蜀对下江政权是不是真的存在巨大的军事威胁，从三国时期刘备、孙权两方争夺荆州之激烈也就可以想见了。

事实上，取得蜀地之后，秦国已经拥有了今天的陕西、四川、重庆大部和甘肃东部，版图比“三晋”和齐任何一国都大。秦国的地理位置也远比东方各国有利，攻灭义渠与巴、蜀之后，在匈奴兴起前的很长一段时间，秦国的西、北、南三面都没有敌国，无论攻守，都只消注意东方。这一面的地形又很险峻，关中四塞，可谓险固，范睢游说秦昭襄王时就称赞曰“利则出攻，不利则入守，此王者之地也”。日后汉朝的张良也认为，关中“阻三面而守，独以一面东制诸侯”。关中对中原，在地势上呈居高临下之势，四面以山河为险阻，几处重要的交通孔道又立关以守之，这样的地理条件拥有支撑军队进可攻、退可守的战略基础，从而确保秦国在战国乱世中可以立于不败之地。

百二秦关

从中国地形图上看，秦地地处我国“第二阶梯”上，俯视着处于“第三阶梯”的东方六国。八百里秦川四周高、中间低的地形，不仅导致包围在山地之中的平原形成四塞之国，而且平原与山地结合之处的山间谷地自然成为冷兵器时代的关隘。在古代，有用“百二秦关”来形容关中险要的说法，意思是以百万之众攻关中，两万人足以拒之。以两万之师挡百万之众，所恃者乃在其地形地势之险。

其中最主要的关隘就是函谷关，其大约在秦献公年间（公元前384—公元前362年）设置在今天的豫西灵宝市，因“路在谷中，深险如函，故以为名”。函谷关坐落在关中通往中原的豫西通道上。《通典·州郡典》载函谷关东至洛阳640里。由于陕西和山西之间的黄河水流湍急，古时大兵团往来困难，故秦国经由豫西通道东进中原乃一捷径，当然反过来对企图攻入关中的东方诸侯联军来说也是如此。《史记》就记载公元前273年，赵、魏攻韩，秦自关中出兵相救，仅用8日便穿过豫西通道，来到华阳（今河南）。

函谷关正是这条通道西段的咽喉要地，敌军无论从崤山南北哪条道路而来，都要经过这座关隘。关中与洛阳往来，必须经过函谷关，而正由于它曲折险峻，谁控制了函谷关，就相当于把握了战争胜利的关键。所以《读史方舆纪要》就认为："洛阳西至新安，道路平旷。自新安西至潼关殆四百里，重冈叠阜，连绵不绝，终日走硖中，无方轨列骑处。其间硖石及灵宝、阌乡尤为险要，古之崤函在此，真所谓百二重关也。"

今日的函谷关故址，在宏农涧西畔的王垛村，西倚稠桑原。站在稠桑原顶放目四望，漫坡上农田梯层列布，几座村落相参其间，小路弯曲，路边田头有三五树木摇曳点缀，完全可以通过千军万马，根本称不上险峻，当年又何以能设置一座雄关？

原因在于历史上人类活动造成的自然环境变化。特别是在明代中叶以后，由于人口快速膨胀，对新辟农地的需求迫切，日常用材日增，导致黄河流域的森林面积缩小，甚至遭受毁灭性的破坏。此时京师（北京）需要的巨大建材已无法就近从黄河中游地区取得，必须派遣大量人力从四川及两湖地区采集。

但春秋战国时期的情景与之大不相同。《山海经·中次六经》就说"夸父之山(今灵宝市)，其木多……多竹箭。……其北有林焉，名曰桃林"。《荀子·强国篇》中称"松柏之塞"，就是因树种而得名。秦汉时期，函谷关附近的松柏繁茂不减前代。直到南北朝时，仍然是松柏荫蔽。因此，旧函谷关道路两侧"崖上柏林荫谷中，殆不见日"，函谷关道东自崤山，西至潼津，深险如函，号称天险，如《水经注》所说"车不得方轨，马不能并辔"。秦军若处于守势时，只需要封锁了这狭仄的路口，外面纵有坚车千乘，精骑万匹，在函谷关前也难以展开兵力，逞其锋锐。

这样的地形令秦国占尽好处，而关东诸侯则吃够了苦头。秦国常常可以乘关外某国守备薄弱，有机可乘时骤然出兵攻击，而关外诸国几次组成合纵联盟进攻秦国时，秦军则退守函谷关，以逸待劳，使关外联军无可奈何，自然解体退兵，落得劳民伤财。如贾谊在《过秦论》里所说，列国“尝以十倍之地，百万之众，叩关（指函谷关）而攻秦，秦人开关而延敌，九国之师，遁逃而不敢进”。

当然这个说法略有夸张，关东列国合纵攻秦多次，还不至于胆怯如此。但用“一夫当关，万夫莫开”来形容函谷关的险要则一点儿也不过分。公元前318年，关东五国（魏、赵、韩、燕、楚）联兵攻秦，攻函谷关不下。秦兵出关反击，联军大败。秦王政六年（公元前241年），楚、赵、魏、韩、卫最后一次合兵攻秦，进至函谷关，却再次大败而还。在整个战国历史上，固若金汤的函谷关只有一次失陷：公元前298年，处于极盛时期的齐国联合韩、魏两国攻秦，历经三年战争，才终于在公元前296年打破函谷关，并立即引起了秦国君臣朝野的恐慌，被迫割地讲和，足见关中腹地的安全系于函谷关的归属，两者几乎是一亡俱亡的关系。可惜关东诸侯们这样的联合之后就停止了，齐国在燕国乐毅主导的五国伐齐（公元前284年）打击后虽未亡国却也一蹶不振，而恢复过来的秦国则可以继续“据崤函之固，拥雍州之地，君臣固守以窥周室，有席卷天下，包举宇内，囊括四海之意，并吞八荒之心……内立法度，务耕织，修守战之具，外连衡而斗诸侯”。

（文/郭晔旻）

通往霸主道路上的大秦君王们

虽然秦惠文王公报私仇，以残酷手段处死秦国崛起的功臣商鞅，但在历史上，他并非“坑爹”之辈，而是继续完成其父的未竟事业，当政期间，不仅没有因人废法，还能北扫义渠，西平巴蜀，东出函谷，南下商於，为秦国统一进一步打下基础。而且，他也不是一个人在战斗，在任贤用能上不逊于秦孝公，公孙衍、张仪、司马错等一批人才都发挥了重要的作用。

秦国原先只是一个西陲小国，要完成统一中国这样的空前伟业，只靠秦始皇一代人的努力显然是无法实现的。正如司马迁在《秦始皇本纪》中所言：“及至秦王（秦始皇），续六世之余烈，振长策而御宇内。”实际上在秦始皇之前，不止有六代秦王的积累，接力棒传到秦始皇手里，由他最后冲刺，终于实现了“一扫六合，并吞八荒，包举宇内”的宏图伟业。

从正常国家到区域强国

在历史文献中，秦人的第一个活动区域是“西陲”，即西方的边陲。那时的秦国人，处于受中原王朝奴役的地位，随着周王朝的边境向外扩展，他们被驱赶到西北地区，与生活在那里的戎人、狄人互相往来，杂居共处，因此有秦族“杂戎、狄之俗”的说法。传说周穆王曾经到西方巡游，同西王母相会于瑶池，为他驾车的就是秦的造父。周孝王时，为了对外战争的需要，对养马业十分重视。他听说秦人首领非子特别善于养马，便任命其为周王朝的“弼马温”，专门负责管理西周王朝的皇家牧场。由于非子对马调教有方，周孝王对非子十分赏识，便把秦地（今甘肃秦安、清水一带）封给他，并让他接续嬴姓，号称嬴秦。随着周王室的衰落，秦人的地位和作用愈来愈受到重视。周王室派遣秦人与戎、狄作战，秦人在抗击戎、狄的战斗中日益强大起来。

秦国命运的改变，来自周平王东迁，当时的秦襄公主动派兵马护送，因此被周平王册封为诸侯。从此时开始，秦国终于有了自己的“名分”，成为一个正常国家，获得与其他诸侯国平起平坐的地位。

秦国虽然建立较晚，但其创始之期正值西周衰亡之际，王朝权力不断下移。周朝的衰落为嬴秦的发展提供了难得的机遇。经过秦襄公、秦文公两代人的努力，秦国在公元前750年，成功占有了关中平原的大部分地区，版图推进到了关中平原的东端。这为日后秦国农业生产的发展提供了有利的条件。终于到秦穆公时期，秦国成为区域大国，秦穆公也成为“春秋五霸”之一。

秦穆公虽然没有完成进军中原的大业，但却通过西进运动，使秦向西拓地千里，并得到周天子赏赐的金鼓，他也成为西部的霸主，秦国亦成为诸侯争霸中举足轻重的一方势力。秦穆公称霸的关键人物是他用五张羊皮从楚人手中赎出的百里奚。百里奚相秦期间，在秦国推广农业，令当时大批游牧蛮族转化为农耕民族，更使秦国新拓展的千里土地，成为秦国最可依赖的大后方。秦国国家的统一程度，组织的严密性，都远远强于其他六国，这一差距在春秋时期并未凸显出重要性，但到了战国时代却成为其统一的一大关键要素。

穆公之后秦国国君频繁更替，其间内斗不断，民心离散，直至秦献公时期，才有所起色，他将秦都从远在关中西部的雍城（今宝鸡凤翔南）迁至栎阳，并励精图治进行改革，在对外战争中亦战败魏国并俘获魏相公叔痤。献公早年曾有在魏国流亡的经历，当时公孙痤对秦献公不薄，所以献公在盛情款待一番后便将其放回。虽然如此，在秦献公去世时，秦国在诸侯国中仍处于落后地位。在外交上不能参与中原各国的盟会，诸侯根本不把秦国视为平等的成员，而是把它看作未开化的野蛮人部落。所以于21岁上台的秦孝公深感“诸侯卑秦，丑莫大焉”，于是甫一上任，就下发《求贤令》，不拘一格招揽人才，终于通过商鞅变法实现了“强秦”的目标。

“文功武略”秦惠文王

以商鞅变法为起点，秦国走上了上升的通道，直至秦王嬴政一统六国。秦孝公之后依次是秦惠文王（在位27年）、秦武王（在位4年）、秦昭襄王（在位56年）、秦孝文王（即位三日便去世了）、秦庄襄王（在位3年）。其中的秦惠文王和在位长达56年的秦昭襄王为秦的最后统一贡献尤大。

秦惠文王车裂商鞅，但他报私仇不废公法，凭这一点，就堪称“识时务者”。秦惠文王也非常知人善用，他在“文功”“武略”上都有不俗的表现。“文功”方面，他先后起用了公孙衍和张仪两位著名纵横家担任大良造和相国，以“连横”之计破山东六国的“合纵抗秦”。“武略”方面，秦惠文王任用了同父异母的弟弟樗里疾，派他攻打魏国。樗里疾骁勇善战，在作战方面也有很高的技巧，他率兵攻入魏国后，夺取了曲沃，将其并入秦国的领土中。后来，樗里疾又先后攻打赵国和楚国，都为秦国夺得了领土，扩大了秦国的疆土面积。此外，秦惠文王还打败义渠，攻取了徒泾（位于今山西、陕西两省间黄河南段以西地区境内）等25座城池，迫其称臣，并置义渠为“县”。而打下巴、蜀两国，则是秦国名将司马错立下的战功。秦国南并巴、蜀后，既得粮丰物富之利，又在长江上游对楚国形成了居高临下的战略态势。

秦惠文王病故于公元前311年，传位于秦武王。秦武王的名字叫作“荡”，而他的为人也颇如其名，外露、张扬，偏于勇，好用武。他身高体壮，勇力超人，常以斗力为乐。所以他所选拔的“人才”都是民间找来的大力士，乌获、任鄙、孟说等皆以勇猛力大闻名，都被破例提拔重用，陪着武王整日以比试力气为乐。武王四肢发达，头脑简单，国内玩腻了，就想找点刺激的。一天，他对手下的大臣甘茂说：“寡人欲车通三川，以窥周室，而寡人死不朽乎？”（寡人我想坐在车上，通过三川，去看看周室，这样，死都不会遗憾了。）甘茂对秦武王说，想窥周室，就得打通宜阳这条路，宜阳是韩国的大县，是上党和南阳两部间的贸易要道，它名义是县，实际上相当一个郡。现在大王的军队要经过重重险阻跋涉千里去攻打宜阳，实在太难了啊！他这样说，秦武王根本听不进去，还是叫甘茂去打，结果甘茂花了五个多月的时间，才把宜阳攻下。这便遂了武王的心愿，终于可以一窥周室了。

武王带着乌获、任鄙、孟说等几个小伙伴，到了周室首先要看大鼎。春秋时期的楚庄王在洛邑附近曾问鼎之轻重，王孙满告诉他："统治天下重在德，而不在鼎。"但秦武王不管那些，和几个小伙伴玩起了举鼎的游戏。秦武王虽用尽了洪荒之力，举起了大鼎，但一失手，大鼎落下来砸中了大腿骨，结果"举鼎绝膑"，失血过多，秦武王年仅23岁就撒手归西了。这对于秦国来说或许是一种幸运，像武王这种行事轻佻的"作死型"君主执政时间很短，作风稳健的君主都活得很长。

秦宣太后诱灭义渠

秦武王仅仅执政四年就因为举鼎绝膑而死，他的死有一个人最高兴，她就是秦宣太后——芈八子。芈八子是秦惠文王之妾，嫡出的武王荡继位后，她本该退出历史舞台，哪想武王又无子嗣，诸多兄弟争夺君位，便给了芈八子一个机会，经过残酷的宫廷斗争，在弟弟魏冉等人的帮助下，"庶长壮与大臣、诸侯、公子为逆，皆诛，及惠文后皆不得良死"，胜出的芈八子得以立自己的亲生儿子公子稷为国君，也就是秦昭襄王。芈八子也成为秦宣太后。

昭襄王即位时，宣太后也开创了“太后临朝”这个制度，她主政40年，继续推进秦国的统一大业。她重用魏冉，魏冉虽是她的弟弟，但是个文武全才：出则为将，攻城略地，战无不胜；入则为相，襄赞政事，井然有序。战神武安君白起也是在秦宣太后时代被提拔起来的。

宣太后有时也亲自上阵，诱灭义渠就是其中一例。义渠国在今甘肃、陕西和宁夏一带。虽然秦国多次打败义渠，义渠也多次向其称臣，但义渠和历史上很多的游牧民族一样，势力强盛时就南下牧马，势力衰微时就或跑路或臣服，始终是秦国崛起道路上的一个隐患。秦宣太后摄政后，一改武力征讨的方式，而采用怀柔、拉拢的政策，以堕其志。义渠国大败后，也想与秦重修旧好以休养生息。义渠王就利用昭襄王刚即位的机会，亲自到秦国去朝拜。秦宣太后主动接近义渠王，邀之于甘泉宫，待之优厚，两人长期住在一起，秦宣太后还为义渠王生了两个儿子。30多年后，秦宣太后先发制人，杀义渠王于甘泉宫。接着，秦国趁机发兵消灭了义渠，吞并义渠之后秦国将西北边界推至了今天的内蒙古、甘肃一线，大大增强了经济与军事实力。在义渠的地盘上设立了陇西、北地、上郡三郡，自此彻底拔掉了义渠这个秦国前进道路上的钉子，基本上征服了西方的戎族，解除了后顾之忧。秦国由此方能尽力东向，进而伐灭六国，一统天下。

秦国历史上在位时间最长的君主

但是，在秦国统一的道路上，还不得不提秦昭襄王，虽然他的光芒一直被风流率性、作风放浪的秦宣太后所掩盖。没有宣太后，他当不上王，但有了宣太后，他却做了40余年不掌权的王，从18岁的少年一直熬到50多岁，终于在范雎的鼓动下，把老妈与舅舅赶下台，亲了政。一年后，宣太后病逝。好在昭襄王比较长寿，又干了15年，是秦国历史上在位时间最长的君主。

宣太后死后，秦昭襄王已经接近60岁了，但经过宣太后掌权时的历练，政治经验亦非常丰富。范雎不但帮助秦昭襄王把权力从宣太后和魏冉手中夺回，而且提出“远交近攻”策略，占领韩、赵、楚多处城池，于长平一战消灭赵国40余万军队，至此，秦最强大的对手赵国一蹶不振，山东六国再也没有一个国家可以和秦抗衡，范雎堪称秦国继往开来的一代名相。

但是秦昭襄王犯的最大的错误也是最后的错误就是邯郸之战，秦军本该借长平之战之余威，迅速攻克邯郸。但由于赵国使出反间计，秦昭襄王听信范雎谗言，排挤白起，暂缓攻赵，延误了战机。后来，范雎命令王陵进攻邯郸，旷日持久，毫无进展。秦昭襄王要求白起重新挂帅出征，白起认为进攻邯郸战机已失，所以建议暂缓攻赵，养精蓄锐，以观诸侯之变，等待战机出现时再攻邯郸。但这时的秦昭襄王已丧失了审时度势的理智，白起不肯出征，他便以王龁替换王陵。王龁到了前线，经过八九个月苦战，战局仍然毫无进展。战争进行了足足两年，并出现了历史上少有的秦军投降的现象，一代名将白起也因不听从调遣而遭赐死，秦国一统天下的步伐不得不放缓。

秦昭襄王一生打了无数胜仗，最后一意孤行，折戟于邯郸之战。这是秦国东征过程中的一次重大挫折，但它并没有从根本上改变战国时期的军政大势。此时，秦国手里的底牌远胜六国，只要不犯齐之济西、赵之长平这样的决定性错误，小小的挫折并不影响大局。

秦昭襄王执政56年，愣是熬死了一直眼巴巴等待接班的太子，这样，本来没有希望走上前台的秦昭襄王的次子安国君一夜之间咸鱼翻身，顺理成章地被立为太子。就在新太子闪亮登场之际，千里之外的一个商人吕不韦却嗅到了商机。邯郸之战期间，在赵国当人质的安国君之子异人，在吕不韦的协助下逃出邯郸，回到秦国。

安国君生有20多个儿子，但他最宠爱的华阳夫人却一直没有生育子嗣。在吕不韦的活动下，华阳夫人成功说服安国君立异人（已改名子楚）作为继承人。公元前251年，秦昭襄王去世，太子安国君即位，是为秦孝文王。53岁的秦孝文王正式改元即位3天后即去世，子楚即位，是为秦庄襄王。

秦庄襄王在历史上亦是昙花一现，在位仅三年，还没有发挥才能就去世了。于是历史把“挥剑决浮云，东向扫六合”的任务最终留给了他的儿子嬴政，即后来的秦始皇。

（文/黄金生）

行法治商鞅变法：缔造一个强大到极点的政府

公叔痤是战国时期魏国的国相，对魏国忠心耿耿，病重之际，他向前来探望的魏惠王说：“我手下有一人叫卫鞅，年纪虽轻，却有奇才，希望国君把国家交给他来治理！”魏惠王听罢默然不语。公叔痤又说：“如果国君您不采纳我的建议，那就要杀掉他，不要让他到别的国家去。”魏惠王前脚刚走，公叔痤又急忙召见卫鞅，并向他道歉说：“我必须先忠于君上，然后才能照顾属下，所以先建议惠王杀你，现在又告诉你。你赶快逃走吧！”卫鞅摇头说：“国君不能听从你的意见来任用我，又怎么能听从你的意见来杀我呢？”卫鞅没有出逃。果如其所料，魏惠王离开后，便不屑地对左右近臣说：“公叔痤病入膏肓，真是太可怜了。他先让我把国家交给卫鞅去治理，一会儿又劝我杀了他，岂不是糊涂了吗？”

在魏国未受重用的卫鞅有一天听到一个消息——西边的秦国新君主登基，下了“求贤令”招揽人才，正为怀才不遇而郁闷的卫鞅于是打点行囊，西进秦国，开始其“西漂”之路。

若干年后，已经“择木而栖”的卫鞅举兵攻魏。魏使公子卬率军抵御。卫鞅俘虏了公子卬并乘势攻魏。魏军无备，遭受重大损失。魏惠王被迫割让大片河西之地向秦求和。这为秦国东出中原创造了有利条件。遭此大败，魏惠王才开始后悔当初没有听取公叔痤的建议，可惜悔之晚矣。

卫鞅本姓公孙，曾是卫国贵族，打败魏军回来以后，秦孝公把於、商十五个邑封给了他，封号商君，所以又被人称为商鞅。他在秦国主政19年，正是借助于他的变法，秦国实现了富国强兵，从而奠定了其统一的根基。

西出秦地“霸道”治国

自以为怀揣利器、壮志未酬的商鞅看到秦国发布的“求贤令”，立即收拾行囊，西出函谷关来到秦国。他通过秦孝公近臣景监的引荐得以见到国君。两人一共交谈了四次。第一次，商鞅向秦孝公大谈“帝道”，也就是如何用三代圣君的办法统治国家。秦孝公对此很不感冒，不时低头打瞌睡。第二次，商鞅向秦孝公讲解“王道”，也就是儒家提出的仁义治天下的主张。这个还是没能提起秦孝公的兴趣。第三次，商鞅开始给秦孝公讲“霸道”，终于提起了孝公的兴趣。如果前两次谈话还只是互相试探的话，这第三次则是君臣之间的深入交流。当然，到了第四次召见，会面所谈的内容属于机密，没有人知道。二人一连谈了好几天，“语数日不厌”。想必就是通过这次长时间的秘密会谈，秦孝公终于下定决心进行变法，并由此敲定了改革路线图。

之所以说商鞅之前向孝公说的“帝道”“王道”只是一种试

探，那是因为商鞅其实对此也不感兴趣，他擅长的是刑名之学，来到秦国时，他随身就携带着李悝的《法经》,《法经》是我国历史上第一部比较系统的成文法典。传说商鞅和吴起都曾师从李悝，商鞅是青出于蓝而胜于蓝。

在那个“落后就要挨打”的年代，刚刚上台、年仅21岁的秦孝公正面对生存和发展的危机，痛感“诸侯卑秦，丑莫大焉”。他当务之急要考虑的是迅速地富国强兵，为此，甚至可以不择手段。正如商鞅对景监所言，若用帝王之道，时间太长，况且贤能的君主，都在自身就扬名天下，哪里能默默无闻地等待几十年、几百年来成就帝王之业呢？秦国东有三晋扼其咽喉，南面强楚虎视眈眈，随时都有被倾覆的危险。而秦偏处西陲，民风民俗较为落后，在历史上形成了崇武尚战、重功利、轻伦理等观念。儒家的礼乐制度、“王道”思想并没有传播的土壤，在商鞅之前，秦国基本没有产生过有影响的思想家，儒家、道家等思想都少有市场，这样就使商鞅推行法家思想与政策时遇到的阻力相对要小。虽然秦孝公三年（公元前359年），在朝堂之上，爆发了一场关于要不要变革祖宗之法的大辩论，商鞅面对以甘龙、杜挚为代表的旧贵族的责难，慷慨陈词。商鞅在辩论中的表现诚然非常精彩，但比起其他六国，商鞅变法所要突破的思想藩篱要少得多。

废世卿世禄　按军功授爵

得到秦孝公的全力支持后，一天，商鞅派人在秦国首都栎阳城的南门立了一根三丈长的木棍，并宣称，如果谁愿意把这根木棍从南门扛到北门，赏十金。栎阳虽是秦国都城，但从南门到北门，也就两三公里。当时，十金相当于一个普通人家的全部财产，以如此高额的赏金募人完成如此简单的工作，围观的人都在窃窃私语，却没人接招。晌午刚过，政府又加价了：还是这根木棍，还是从南门扛到北门，赏五十金。好半天，终于有个人抱着试试看的态度，把这根并不沉重的木棍扛到了北门，这人果然得到了高达五十金的奖赏。商鞅策划的这场“南门徙木”，就是向老百姓传递了一个信号：推行新政绝不是儿戏，令出必行，有功必赏，有禁必止。经过此事之后，商鞅拉开了变法的序幕。

公元前356年，商鞅被任命为左庶长，开始了第一次变法。这次改革的核心是“农”与“战”：农，就是发展农业生产，非农不足以富；战，就是强兵，非战不足以强，甚至不能自保。为此，商鞅制定了一系列措施鼓励农耕和征战。

商鞅变法以前，秦国保留着那种凭借“龙生龙、凤生凤”的寄生性世袭特权传统。而商鞅则规定只有具有军功的人才能得到爵位，依爵位定尊卑等级。爵秩一共分为二十个等级。普通士卒积累军功可以获得相应爵位，并依据爵位得到田宅。法令规定，普通士卒凡是能够杀敌获得甲士首级一颗的，可赐爵一级、田地一顷、宅地九亩，并赐予奴隶一人，而且可以担任军队或朝廷的官员。获得爵位者，还可以免除劳役和用爵位抵罪，如果一个士兵在战场上斩敌人两个首级，家中坐牢的亲人就可以获得自由，做奴隶的家人就可以变为平民。

秦军功爵制还规定，根据爵位高低，可享受不同标准的“传食”待遇。秦代官吏出差，都要住在官办的传舍（招待所）里。传舍对于住宿的各级官吏及其随员，根据有爵无爵和爵位的高低，供应不同标准的伙食。这个规定当时叫作“传食律”。同样在军队生活中，爵位不同，士兵的伙食标准也不一样。根据睡虎地秦墓竹简，三级爵位的士兵，伙食标准每天有精米一斗，酱半升，菜、羹各一盘。二级爵位的士兵只能吃粗米。没有爵位的大约仅能填饱肚子。

经此变化，秦国建立了一个以军功等级制为基础的社会，宗室若无军功，不得列为贵族；普通民众则可以凭军功得到荣华富贵。“有功者显荣，无功者虽富无所芬华”，只要奋勇杀敌，身处底层的人们就可以获得爵位、田宅、官职、免役、免罪的特权。“军功”成为人们改变命运的途径，在爵位和特权的诱惑下，秦国百姓听说要打仗，就像饿狼见到肉。本来秦国就有尚武的传统，军功授爵制更使秦国变成了一架战争的推土机，缔造出一支令山东六国闻之胆寒的虎狼之师。

奖励农耕　什伍连坐

有人认为，商鞅变法的目的，就是要把秦国民众统统变成两种人，一种是农民，另一种是战士。他以农业为“本业”，商业为“末业”。因舍本求末，或游手好闲而贫穷者，全家罚为官奴。而生产粮食和布帛多的，可免除本人劳役和赋税。

为发展农业，先要挖掘人力，然后再用人力去尽掘地力，为此商鞅颁布了“分户令”，即家里有两个以上儿子（成年）却不分家的，赋税翻倍。通过加倍征收赋税来强制推行以一夫一妻及其未成年子女构成的小家庭。通过析分民户，一夫一妻制的小家庭成为秦国社会最小的组成单位，这样就形成了大批的个体小农。他的第二次变法就更为严苛，即父与子、兄与弟只要在同一房屋内居住均属违法行为。

分户令除了有利于土地开发、增加国家税收、有利于扩大兵源，还为编定户籍，实行什伍连坐制度创造了条件。商鞅为把农民固定在土地上，建立起一套基层什伍组织和治安联保制度。他把秦国居民按五家为一伍、两伍为一什的形式编定户籍，并严禁社会斗殴。登记之后的名籍，要承担国家的赋役义务。为躲避赋役而脱籍逃亡者，被视为有罪。在此基础上形成相互告发和同罪连坐的制度，一个编制里的百姓，若有人逃亡或犯法，其他人不向政府告密，会被株连腰斩。不独邻里之间，夫妻、父子之间也负有检举揭发的义务。据睡虎地出土的秦简，秦律规定：丈夫行盗，妻、子知情，并共享所盗之物，妻、子与丈夫以同罪论处。反之，如丈夫犯罪，妻子在案发前主动告密，则妻子的嫁妆可以不被没收。“连坐法”不仅用于百姓之间，也同样用于军队中。在战争中，五人为一伍，如果一人逃亡，其他人将受到处罚。他还限制人口迁徙流动。当时秦国人丁稀少，民众自由迁徙，如果是迁到国外，必然会使秦国国君治下的民众减少，民众减少必然会影响农业生产。因此，商鞅制定法律，不管去哪里，都要官府出具身份证明和通关文书。旅客住宿要有官府凭证，客店收留没有凭证的旅客住宿，主人与“奸人”同罪。

商鞅一方面限制秦国人口外流，另一方面是招徕地少人多的“三晋”之民来秦国垦荒，为此他制定“徕民”政策。他规定：“三晋”民众来秦国定居，就有地有房，三代免除徭役，不用参加战争。让秦国人当兵打仗，新来的人种田解决粮食问题，从而解决了秦国的兵源和粮食问题。

商鞅在“重农”的同时，却大力抑制商业。他认为，除了农耕和作战，其他行业如商贾、隐士、学者、游士、手艺人，对国家都是有害的。国家要富强，就必须打击商人，全面取缔商业。商人是游民，来往四方，以追逐利润最大化为目的，虽然可以使经营者致富，但对国家却有很强的腐蚀性。原本在家里踏踏实实种地的农民，要是看到商人经商致富，就会荒废本业，这就动摇了以农战为核心的基本国策。是故，商鞅对商人无情地打击。

商鞅认为“仁义之不足以治天下”，法令是人民生命、治国的根本。只有法令昭彰，刑罚严明，才能稳定社会秩序，使政策得以贯彻。他还认为“人民弱势，国家就强大，人民强大，国家就弱势，所以治理有方的国家一定要使人民处于弱势”。所以他“燔诗书而明法令”，用以耕战为内容的法治教育代替“先工之教”。

铁腕行新法　刑也上太子

商鞅在“徙木立信”之后出台变法法令，也确实以雷霆万钧的铁腕手段来执行新法。在商鞅看来，要震慑民众，使他们不敢触犯朝廷的法律，必须轻罪重刑。用重刑来惩罚犯轻罪之人，以此来加强刑罚的威慑作用。据记载，当时一天之中在渭河边行刑的囚犯就多达700余人，渭水被染成红色，号哭之声震天动地。严密而残酷的法律一时间令国民难以接受。新法推行一年间，前来国都上书反对者数以千计，一时间形成一股强大的反变法风潮。商鞅对孝公说："这些人都是扰乱教化之民。"将他们全部流放到边疆。后来，在奖励耕战中尝到甜头的秦民有人称赞变法，结果也被商鞅抓起来全家流放边关。商鞅认为，人民要做的就是不折不扣地执行法令，不应该对新法说三道四，哪怕是赞美的声音。

历来改革遇到的最大阻力都来自既得利益集团，商鞅的功爵制改革，无疑是动了世袭贵族的"奶酪"。新法颁行一年后，太子犯法。这显然是旧贵族不甘心放弃特权，企图阻挠变法。商鞅为了维护法令的严正，认为太子犯法，也必须严肃处理。但因太子是未来的国君，无法直接对其施法，便对太子太傅公子虔处以刑罚，对太子太师公孙贾处以黥刑，黥刑是古代的一种肉刑，在犯人面部或额上刺刻后并涂上墨炭，作为犯罪的标志。又过了几年，公子虔再次触犯新法，又依法处以劓刑。劓刑就是割去犯人的鼻子。在当时人的观念中，"身体发肤，受之父母"，肉刑是对先人的大不敬，是莫大耻辱。因此有"刑不上大夫"的规定，对贵族豁免肉刑。但商鞅认为："法之不行，自于贵戚。"如果想要顺利推行新法，必须先拿太子开刀。公子虔受刑之后，因受辱而八年杜门不出。

几次事件后，再也没有人敢议论、触犯新法，新法在全国顺利推行开来。三年后，变法成效初步显现。史载：“道不拾遗，山无盗贼，家给人足。”公元前350年，秦国迁都咸阳，咸阳位于沣水和渭水交汇之处，“据天下之上游，制天下之命”，是控制东西交通的重要通衢。秦迁都于此，志在向东扩张。升任为大良造（相当于丞相地位）的商鞅又以迁都为契机，启动了第二次变法。

这一次的变法废除了井田制，掘开阡陌（就是田间的大路）封疆，实行土地私有，并允许自由买卖，赋税则按照各人所占土地的多少来平均负担。当时的秦国土地空旷，百姓耕地更受阡陌封疆的限制，变法之后，只要百姓有劳动力，便可开垦荒地，进一步发展了秦国的农业生产。其次，进一步推广县制，县直属中央政府，与属于封君的封邑不同，商鞅把原本分散的小乡、邑、聚等自然聚落，按照大致相当的规模编制在一起，设立地方行政组织——县。全国共设置31个县。县设县令，掌管一县行政，县尉掌管军事。经过商鞅变法，秦国成为各个诸侯国里第一个彻底实行县制的国家。县制使分封制下分散的权力高度集中于中央，有利于秦国将全部力量汇聚在一起，使秦国形成了巨大的动员能力。商鞅还颁布统一的度量衡标准。统一了斗桶、权衡、杖尺，颁发了标准的度量衡器。

商鞅变法使秦国成功地崛起成为战国时期的一大强国，他创建的法律制度最为严整并且坚持得最为彻底，从而改变了战国的格局。在商鞅变法以前，各国也都进行了不同的变法，新法也参考了其他各国变法的既有成果。实行法治、重农业、奖军功、废特权等内容，在当时的魏国、齐国、赵国都有不少实践。如魏国李悝在政治上主张废止世袭贵族特权，主张选贤任能，赏罚严明；在经济上也鼓励农民增加生产，保护农民积极性；推行以法治国，制定一系列法律规范，形成比较完整的法律体系等。又如，晋国的赵鞅主政时也明确提出废除特权以军功定爵的思想。而源于齐国的《管子》一书就明确提出了“以法治国”的思想。春秋时期的郑国子产主政时，也有以法治国的实践，并最早将法律铸在鼎上。在中央集权方面，楚国比秦国更早实行县制。这些政策，为什么唯独在秦国取得了重大的成果呢？一方面，这得益于秦孝公对商鞅变法的坚决支持和商鞅的“抓铁有痕，踏石留印”的精神。另一方面，还在于商鞅变法对魏、齐、赵等国的变法实践进行了总结，并在此基础上进行了创新，改革得更彻底，从而大大超越了魏、齐、赵等国。

商君虽死秦法未败

商鞅的变法虽然容易在短期内奏效，但国家政令的贯彻实行，若仅仰仗予富予贫、予贵予贱以及施用严刑峻法的权力，就会具有极端功利主义的性质。司马迁《史记》为商鞅立传，不讳言他的政绩，却对他的为人为政颇有微词，批评他“刻薄”“少恩”。现代有学者认为商鞅变法“为秦国缔造了一个强大到极点的政府、一个萎缩到极点的社会以及一群沉默到极点的个人”。

商鞅也通过变法和战功为自己赢得了荣耀，成为拥有15个封邑的商君，但就在他如日中天之时，一天突然来了一个不速之客——赵良。赵良和商鞅进行了一次长谈，指出他一味崇尚暴力和严刑苛法，完全排斥传统道德，炫耀权势，这必然给自已积累怨恨，带来后患，莫不如现在放弃权力，归还十五座封邑，并劝说秦王多做好事，或许能安全一些。但商鞅哪里听得进盛世危言，依旧我行我素。

就在这次谈话五个月后，秦孝公死去，太子即位，即秦惠文王。秦惠文王的老师就是那个被商鞅整得很惨的公子虔，他立即举报商鞅谋反。一朝天子一朝臣，商鞅尽管已经是贵为拥有十五个封邑的商君，但在讨厌他的新君主面前，也只能仓皇出逃。他先逃到老东家魏国，商鞅的地位有一半是踩着魏国上来的，魏国人早已把他当作敌人，拒绝收留他，商鞅无奈只好折回秦国。他在逃亡途中，好不容易找到一家旅馆。商鞅欲匿名投宿，客舍前台的工作人员以无证件为由，严肃地警告他：按照商君制定的法律，如果接纳没有身份证的客人住宿，我就要负连带责任。商鞅听罢，仰天长叹：没想到新法的弊病，竟然把我弄到这般田地呀。最后走投无路的商鞅回到封地，组织手下门客造反，这反倒坐实了公子虔等人的指控。这支仓促之际组织起来的乌合之众，当然是以鸡蛋碰石头，结果可想而知，商鞅被擒后，遭到了最为惨烈的处罚——车裂。

虽然商鞅被处死，但“商君虽死，秦法未败”，他打造出了一个雄心勃勃、强大富有的秦国，完成了为秦帝业奠基的历史任务。

（文/黄金生）

大秦帝国的客卿们：“外籍”人士打造强国智囊

对包括李斯在内的大多数“咸漂”外来人才一族，也就是所谓的“客卿”来说，秦王政十年（公元前237年）是一个极其糟糕的年份。自从上一年四月发生嫪毐谋反事件以来，秦国对待他们这些外来人才的态度就日益恶化。随着时间的推进，谋反事件的长尾效应不断酝酿发酵，到了这年十月，在消息灵通人士中流传已久的“清理咸阳外来人口方案”，最终靴子落地了。以“十大杰出‘咸漂’人士”之首，出身赵国阳翟的相国文信侯吕不韦被免职为信号，秦国政府正式公布一套“史上最严厉”的管理方案：所有滞留在秦国境内的外来人才，不管是否已取得了合法身份，也不管是否已在政府中获得了官职爵位，一律取消居留资格并限期出境。其中，又以出身赵、魏和韩“三晋”国家的人最为倒霉，虽然没有明文规定，但秦国官员对他们是特别重点关照，就好像默认他们全是恐怖分子一般。

但话说回来，一向对外来人才宽容的秦国政府突然以安全为借口出台这份严苛的居留法案，似乎也不能埋怨他们神经过敏。因为就在这短短一两年间，秦国接连发生好几起重大国土安全事件，其原因都和“咸漂”的客卿，特别是来自“三晋”之人有关。除上一年那桩杀得人头滚滚的嫪毐谋反事件，归根结底也可以追溯到赵国出身的吕不韦之外，不久前被揭露的利用修建水渠暗地里消耗秦国国力的重大阴谋事件，为首的主谋又恰好是来自韩国的工程师郑国。这几件事叠加在一起，大大刺激了秦国本土民粹派的神经，他们在朝野高呼“咸阳是咸阳人的家乡”“咸阳人已经无处可去”“外国人不会爱秦国”等口号，要求秦王立即驱逐所有的外地人，只用秦国本土土著。正是在这种铺天盖地的压力下，年轻的秦王似乎也不得不屈服，签署了这份驱逐令。

作为“咸漂”客卿中的一员，楚国人李斯的事业已经略有小成。以吕不韦的舍人身份进入秦国公务员系统的他，已经从郎做到了长史，正沿着秦国外来精英传统的上升路线——“客、舍人、客卿、相”一步一个脚印稳健地上升。然而，驱逐令就像晴天霹雳一样震碎了他的“升职、加薪、迎娶白富美”的美梦。按照这份驱逐令，就算是他再有才华，也会因为一个无法选择的问题——出生于楚国上蔡而不是秦国某犄角旮旯——而被驱逐。一想到不得不返回楚国，李斯就感到不寒而栗。他很清楚，别看“咸漂”的客卿一族整天都把乡愁挂在嘴上，但真要回老家那种地方谁都受不了。就拿他李斯来说，没有拼爹能力的他，回到楚国上蔡能做什么呢？无非就是混个地方小吏，像厕所里面的老鼠一样苟且地生活，望着贵族子弟像粮仓中的硕鼠一样吃饱喝足之后去追求诗和远方。正是受不了这种毫无希望的生活，他们这些还想有所作为的人，才会在学成之后不远千里地来到不讲究出身而是讲究能力公平竞争的秦国。可谁又能想到，他们心目中的“灯塔之国”居然也会有开历史倒车的这一天呢？不过好在事情还没有到不可挽回的地步，驱逐令还没有付诸实施，李斯还能利用自己以前攒下的政府关系直接向秦王上书。以前，他也通过吕不韦的关系亲眼见过这位高鼻梁、长眼睛、凸胸、声音像豹子一样的少年，也知道这位生性敏感的年轻君王心里念念不忘的是要做出一番惊天动地的大事业，所以他相信自己还有机会说服秦王收回成命。

抱着这种期望，在摇曳的灯火下，李斯用自己掌握得十分娴熟出色的“外文”——秦国小篆，为了所有的在秦国的外来客卿以及自己未来的命运，一笔一画地写下了四个大字：谏逐客书。

秦国传统人才政策：招徕客卿

> 昔缪公求士，西取由余于戎，东得百里奚于宛，迎蹇叔于宋，来丕豹、公孙支于晋。此五子者，不产于秦，而缪公用之，并国二十，遂霸西戎。
>
> ——李斯《谏逐客书》

既然主张逐客的秦国宗室大臣拿本国传统说事，那么李斯也就毫不客气地针锋相对：要拿传统说事？那我们就来说说传统吧！你们秦国的传统政策不就是吸引外来人才吗？你们这些本土民粹忘记了老祖宗的辉煌是怎么来的了吗？你们的民族骄傲，春秋五霸之一的秦穆公任好，不就是招徕了由余、百里奚、蹇叔、丕豹和公孙支才得以成就霸业的吗！

对身处战乱时代的列国来说，客卿绝不是什么新鲜的事。早在春秋时期（公元前770—公元前476年），随着周平王东迁，天子权威丧失殆尽，诸国进入群雄争霸模式之后，对人才的需求就变得愈加急迫。而许多学有所成的士人，为了自己的个人前途和抱负，当在本国上升渠道受到阻碍的时候，也并不拒绝在其他国家出仕。对大多数士人来说，这是一件很平常的事情，并不存在什么忠君、爱国的道德难题——虽然似乎有个迂腐的鲁国人在宣扬忠君、孝悌，可是他不也是在列国之间游走想要出仕他国以贯彻自己的主张吗？当时有句话叫作“虽楚有材，晋实用之”，虽然是讽刺那些楚国南蛮，但也从侧面反映出这种人才流动的盛况。从这个意义上来说，虽然明确的客卿这个正式官名或爵名直到公元前333年的战国才见诸记载（《战国策·秦策一》:“善我国家，使诸侯，请使客卿张仪。”），但就允许他国人才出仕本国、利用他国智囊为自己国家谋利的实质而言，其实客卿文化早就在各国大为流行了。只是让人们没有想到的是，是秦国这个偏僻落后的西方小国，最终将这种客卿文化发扬到了极致，让其为自己服务，成为争霸天下的重要资本。

在大部分历史可以追溯到武王伐殷的中原诸国看来，秦国无论是从法统、历史，抑或是从文化角度来看，都不过是一个可笑的蛮荒小国。虽然在秦穆公时期，他们凭借五张羊皮换来了百里奚以及蹇叔等人才的辅佐称霸一时，但终究也只是昙花一现而已。秦穆公一死，这个国家就迅速地被打回了备受歧视的原形。到了秦孝公继位之时（约公元前361年），这种来自中原赤裸裸的歧视终于发展到登峰造极的地步，以齐威王、楚宣王、魏惠王、燕悼王、韩哀王和赵成侯等为首的六国集团居然公开表示不带秦国玩了。甚至就连淮河、泗河流域尚存的十几个小国都有机会参加他们主导的“中国诸侯之会盟”，而地处雍州的大国秦，却被他们打着“狄翟”的标签摒弃在“文明世界”之外。

毫无疑问，这种“诸侯卑秦”的歧视深深地刺激了刚登基的秦孝公，让他打心眼里感受到“丑莫大焉”。昔日的辉煌和眼下落后，这种让人心急火燎的巨大反差让秦孝公寝食难安，下定决心要实行改革，追赶中原先进国家，带领秦国走向富强，迎来穆公时代般的伟大复兴。这种急迫的心态，在他颁布的改革令之中就暴露无遗。正是在这道命令中，秦孝公代表秦国官方提出了一项影响深远的关于招徕客卿人才的国策：“宾客群臣有能出奇计强秦者，吾且尊官，与之分土。”

显然，不管是秦穆公还是秦孝公，稍微理智一点的秦国统治者都能看到，以秦国当时落后的整体国力而言，单单依靠本国人才就想要争霸天下，那是完全不可能的。正是这条从秦孝公以来就持续不断地招徕客卿的国策，才使得原本文化、经济落后的秦国能获得源源不断的人才资源，实现自己的大国梦。对于这点，李斯同样看得很清楚，他之所以在《谏逐客书》中开篇再次强调这点，就是希望秦王政会比那些民粹派理智一些，看了之后能够明白秦国为什么要坚定不移地执行招徕客卿的政策。

不慕虚名求务实：真正成功的秦国客卿政策

> 孝公用商鞅之法，移风易俗，民以殷富……；惠王用张仪之际，拔三川之地，西并巴、蜀……昭王得范雎，废穰候、逐华阳、强公室……皆以客之功。
>
> ——李斯《谏逐客书》

其实，率先认识到客卿重要性的也不是秦国。早在秦国商鞅变法之前，魏文侯就宣称“夺淫民之禄，以徕四方之士”，招揽到吴起这种富有军事才能的客卿。而其他各国招揽客卿的记录也屡见不鲜：燕昭王筑起黄金台招揽到乐毅、剧辛这种名将，一口气拿下齐国70余城以雪国耻；赵烈侯重用牛畜、荀欣和徐越等客卿“选练举贤，任官使能”；而韩昭侯则拜客卿申不害为相进行改革。到了战国后期，这种招揽异国人才的风气愈演愈烈，甚至就连一些有条件的国家重臣也开始招贤纳士，涌现了齐国孟尝君、魏国信陵君、赵国平原君和楚国春申君这种一口气养了几千名门客的“战国四君子”。真要和他们比起来，秦国政府也好，文信侯吕不韦也好，无论是在声势上还是在规模上，似乎都没有办法和东方诸国相提并论。

然而历史在这里却和所有国家都开了一个玩笑：虽然东方诸国招揽客卿、门客的活动声势浩大，但好不容易招揽来的客卿却往往留不下，就算留下也往往会因为国君人亡政息，成了昙花一现。反倒是看上去没有什么大动作的秦国，虽然有所变故反复，但是在任用客卿这条道路上却一直坚定不移地走了下去，甚至到了一种让东方六国瞠目结舌的地步：在从秦国设立丞相一职开始，直到秦二世亡国长达百多年时间中，有24人担任过秦国丞相，其中16人都是客卿！而从秦穆公开始到秦始皇统一六国这段时间中，秦军对外作战总数大约是130次，除国君亲自率兵和没有记载的情况外，留下统帅名字的80次战争中，任命客卿为主将的情况多达56次！从这些东方六国从未有过的数据中人们就可以看出，秦国对客卿的使用已经形成了一种制度化、规模化的效应。更让人惊叹的是，这个偏僻小国对客卿放手任用和信任有加的先进、开明的态度，早已远远地将六国抛在了身后。

为什么会出现这种反差？想要明白这点，人们还得理解秦孝公面临的困境，只有当人们真正理解了秦孝公以来的历代秦国领导人，在面对着争霸天下的宏图和国家落后弱小的落差之间产生的焦虑之后，才能明白秦国为什么会坚定不移地执行这一友好的客卿政策。事实上，在急于追赶中原诸国的压力下，秦国的用人标准只有稳定的一条，那就是秦孝公命令中所提到的，能否“出奇计强秦”。只要能“强秦”，那么不管你是客卿还是土著，你行就你上。但如果不能“强秦”，无法给秦国带来实际效用，那么不管是什么头衔的专家，也不管是名气多大的人才，在秦国都一视同仁地遭到冷遇。

对于秦国这种功利性极强的做法，东方诸国自然嗤之以鼻。

在他们看来，执行这种客卿政策的秦国简直太低级了，就算他们能够重新崛起，最终也只是一个没有诸如“温存的敬意”之类的国家。这“温存的敬意”也体现在对待客卿喜好的倾向性上。东方诸国招徕客卿，始终对客卿的名气最为在意，只要名气够大，就算是对国家军政没有什么帮助，他们也舍得赔本赚吆喝，完全把这些客卿当成炫耀国家、君主财力和名气的招牌。阴阳家邹衍来到魏国，魏惠王亲自郊迎行宾主之礼；到了赵国，平原君亲自为他侧行撇席；到了燕国，燕昭王为他筑碣石宫。而赵孝成王接见名气很大的虞卿，一见面就送上“黄金百镒，白璧一双”，第二次见面就赐予赵国上卿的爵位。但即便是赵孝成王如此看重虞卿，他却从没有把虞卿真正当回事。在长平之战中，虞卿向他提了几次正确的建议，最终赵孝成王半句都没有听进去，差点落个亡国的下场。

正是在这种风气之下，春秋战国时期的诸子百家代表人物几乎全活跃在东方诸国。但在秦国，这些人却很少见到其踪迹，大放异彩的不外乎负责内政的法家（商鞅、李斯等）、负责军事的兵家（司马错、魏章、蒙骜等）和主持外交的纵横家（张仪、甘茂、范雎等）。这些人的名气或许不如其他诸子百家，但是就对秦国的作用而言，却起到了立竿见影而具有不可替代的作用。也正是因为大量使用这种实用型人才，使秦国的客卿制度产生了一种良性的正反馈：由于真才实干的客卿给秦国带来了诸多实际的、看得见的好处，使秦国统治者越来越倾向于给予这些客卿机会；而给予这些客卿机会越多，他们所能做出的成就也就越大，秦国也就越坚定执行开放客卿政策的决心。而李斯要在《谏逐客书》中反复以商鞅、张仪和范雎的例子强调的原因也正在于此，他要提醒年轻的秦王政：请不要忘记，秦国的强大，和我们这些讲究实用、兢兢业业的客卿是分不开的！

“用脚投票”：为什么精英都往秦国走

> 夫物不产于秦，可宝者多；士不产于秦，而愿忠者众。
>
> ——李斯《谏逐客书》

在争夺列国人才这场战争后期，出现了一个很奇特的现象，那就是东方诸国对秦国是各种鄙夷仇恨，对秦国抹黑宣传不惜余力。但他们国家的士人却在源源不断地“用脚投票”，从自己国家出走，千里迢迢地投奔秦国而去。李斯指出的“士不产于秦，而愿忠者众”的情况绝非虚言，是对六国的上层人物形成的辛辣讽刺。

为什么会出现这种情况？或许李斯本人的经历就可回答。这位才华横溢，足以辅佐秦王政扫平六合建立秦帝国的丞相，在家乡却只能当一个看守仓库的小吏。这并不是因为他到秦国就突然长了学问，而是在楚国那种地方压根没有他上升的机会。在楚国，传统官职任用做法是“内姓选于亲，外姓选于旧……贵有常尊，贱有等威，礼不逆矣”。可想而知，在这种氛围之下，李斯纵然有着万般本事，最终也只能在仓库里面看老鼠。

而其他诸国也好不到哪里去，东方诸国自诩作为承自周代的文明国家，同时也继承了周代传下来的浓厚的宗法观念和宗族制度，使得非王族宗室或贵族出身的人基本没有上升空间，就算偶有一两个意图改革的君主，任用一些名士，往往只是面子工程而已。齐国在齐宣王时期搞出了“稷下学士”，积累了76名才俊，统统赐列第和上大夫的官位，但是这些精英客卿在齐国最终只能是“不治而议论”，对实际国政没有任何权力。相比较之下，秦国或许的确是没什么文明的野蛮国家，但同样地，正因为这个国家缺少传统包袱，宗法观念薄弱，反而给这些精英提供了足够的上升空间，让他们愿意作为客卿到秦国去一试身手。

另外，由于宗族制度的匮乏，使得秦国在土地问题上也拥有更多的选择，使得他们能够提供给有真正才学的客卿分量十足的待遇。在战国时期，秦国是唯一有计划、有制度地真正将裂土分茅这种分股权奖励落到实处的国家：商鞅在秦国获封商地15邑，号商君，直接让他从公孙鞅变成了商鞅；张仪在秦国分得的干股较少，也有五邑，获得称号武信君；范雎获得的封地是应；奇货可居的吕不韦是其中最成功的，得到了河南10万户，封文信侯。和秦国这些实打实的举措比起来，东方诸国就多少显得有点口是心非了。苏秦佩戴六国相印，声势显赫，出行有如王者，然而却没有一个国家给他分封过土地，只有赵肃侯给了他一个可怜巴巴的武安君的虚衔。张仪也曾经中途跳槽出任过魏、秦两国的国相，然而也只有秦国最终给他落实了股权问题。

除了解决待遇问题，秦国的客卿政策也让所有外国才俊都心动不已：上升渠道是如此之多，选拔任用方式极为灵活，几乎没有天花板——能一直做到人臣之极的丞相，这些都是让各国有志青年趋之若鹜的因素。

在秦国，不断有着一席深谈马上得到高官厚禄的神话传出，人人都以为自己是下一个范雎，只要有机会游说秦王，宣扬自己的政见主张，说不定就能获得国君赏识，从此走上康庄大道。如果对自己辩才信心不足，那也没有关系，因为秦国对客卿的使用极为灵活，完全有可能因时、因人而定，只要有一技之长，随时都有可能被秦国录用。如李斯，原本只是个仓库管理员，也能在秦国发挥律令方面的特长。总之，只要有能力，这些客卿就有机会像李斯一样一步步晋升：先给一些大人物，如吕不韦做门客，然后就可能出任舍人这个中间环节历练，以此作为起点踏入秦国官场，在先后担任了郎、长史、客卿之后，或许就可以像李斯那样，用一封《谏逐客书》说动秦王，逐步被提拔为廷尉的高位，之后一直做到“百官之长”的丞相。正是这种充分发挥能力、任用合理的客卿制度，使其他国家的人才都愿意到咸阳来试试身手，哪怕就是被驱逐，也要像李斯那样上书一搏，为的就是在秦国这个他们心目中光辉的灯塔国中，实现自己的理想。

由于秦国这种灯塔国效应的存在，在某方面也产生了令人意想不到的效果：许多在家乡因为种种原因混得不如意的精英，到秦国掌权发迹之后，出于仇恨和报复心态，反而在帮助秦国消灭自己祖国的过程中推波助澜。李斯的前辈魏国人范雎就是一个最为典型的例子。范雎最开始也是抱着想为祖国效忠的心态出来做事。由于家中贫寒只能先在中大夫须贾家当门客，希望以此作为进身之阶。但不久后，一桩意外的误会让他的忠心报国梦破灭了。他在跟随须贾出使齐国的过程中，由于齐王听说他辩才了得，让人赐给他十斤金的财物和牛酒。须贾听说之后，以为范雎是靠出卖魏国情报才得到了齐王的馈赠，大怒之下在回国之后就向当时的魏相、出身魏国宗室的魏齐告发了范雎的行为。

如果这件事到此为止，虽然过分，但终究还只算是误会一场，只要魏齐派人调查一下就能知道，范雎对祖国是忠心一片，怎么可能向外国出卖情报？但是这种公子贵族出身的人怎么会在意下层的苦衷？他直接派人将范雎打到肋骨骨折，牙齿脱落。为了活命，范雎只能装死，哪知道魏齐居然让人将他卷在席子里扔进厕所，让进去的宾客都对着范雎的“尸体”撒尿，以警示后来者不要泄密。可想而知，遭受了如此大侮辱的范雎对魏齐到底怀着怎样的仇恨。当他辗转化名逃到了秦国，通过自己的才能获得秦昭襄王的信任，成为秦国丞相之后，对魏国使者须贾的要求就是要魏国拿魏齐的头来，不然就要血洗魏国首都大梁，得到此消息后，魏齐吓得出逃，但最终还是被杀，头颅也被送到了咸阳。或许，从某种意义上来说，魏齐的命运也象征了六国不重视人才，在客卿制度的较量中败给秦国，最终自食苦果的必然下场吧。

（文/李思达）

大秦帝国的军制、兵器与战术“虎狼”的利爪与尖牙

“虎狼！”是山东六国与后世，对那支缔造起大秦帝国的铁血之师最直观的评语。秦国自商鞅变法后，实行军功赐爵制度，让秦人对首级充满了极度的狂热。《商君书》载：“（秦）民之见战也，如饿狼之见肉。”

韩非子这样评价秦军对于首级与军功的狂热：“（秦人）闻战，顿足徒裼，犯白刃，蹈炉炭。断死于前者，皆是也。……是故秦军战未尝不胜，攻未尝不取，所当未尝不破。”战国时代纵横家张仪这样描述：（秦军）左手提着人头，右腋夹着俘虏，勇猛地追击着敌人。

根据对《史记》的统计，自商鞅变法到秦始皇即位前一年，秦国同山东六国大战65次，全胜58次，斩首129万级，拔城147座，略地14郡。

但显然，如果只有一颗猛兽之心，却没有利爪与尖牙，是不可能成为“虎狼”的。也就是说，除了厚赏与严刑，还需要强大的军事体制和动员能力、先进的武器装备与战术，才能让大秦帝国真正拥有一支山东六国所无法匹敌的强悍军队！

所幸的是，通过众多的历史资料和出土文物，现在的人已经能够比较系统和详细地了解大秦帝国的军事体制、武器装备与战术了。

男子15岁就进入国家“耕战”机器系统

对秦国来说，“耕”与“战”都是国家命脉所在。可农业生产无法培养出战争所需要的技能，为了战争而进行的军事动员和训练却会影响和破坏农业生产。因此为了平衡农业生产和保家卫国之间的矛盾，秦国建立了一套复杂的军事动员体制。这套体制与西方的古罗马人前期军制一样，都是依托自耕农实行“公民兵”模式的义务征兵制。

根据秦律，男子到了15岁，就要到军事机构里去办理登记手续——“傅籍”（也叫作“始傅”）。这也代表这个人被纳入了整个国家的“耕战”机器系统。“傅籍”之后的男子，被称为“更卒”，相当于预备役军人，之后他每年要服一个月的“更卒之役”。这一个月里，更卒并不接受军事训练，但要为家乡承担劳役，如修路、治河、开渠、漕运、运输物资。通过这种集体劳作，可以培养每个男子的团队精神、协作能力、管理统筹能力，养成遵守纪律和服从命令的习惯。

在服过一次更卒之役后，大约在20岁的时候，更卒就要转成“正卒”。正卒首先在地方部队里服役一年，负责当地的防卫和治安，也就是地方军。其间，他们将接受一整年的军事训练。

秦国的军事训练是全方位的。正卒首先要进行队列的训练。

要做到人人能够定位，保持行列整齐；进退左右，俱成行列；起坐跪伏，俱从号令；疾徐迅缓，俱循节制。

队列训练之后，正卒就要接受信号识别的训练。古代作战，位于广阔战场上的战士，不可能听到将帅的声音。军人的行动，就全靠听金鼓的声音，看旌旗的摇动。秦军训练的目的是要军人做到鸣鼓则进，并根据鼓声的轻重缓急来决定行动疾缓。鸣金则退，并根据金音次序来行动，如第一响停止，第二响后退。

另外，为了识别和约束队伍，各部队的旗帜和羽饰都有不同的颜色。秦军旗帜尚黑，各部以旗上绶带（胡）的颜色为标识。如分五部，就以青、赤、黄、白、黑区分，该部士兵也会佩戴同颜色羽饰。同时，为了让阵列齐整，各行列的将士还都会佩带不同颜色的徽章，并佩戴于不同的位置。如士兵第一行会佩戴青色徽章，第二行佩戴红色徽章，第三行佩戴黄色徽章，第四行佩戴白色徽章，第五行佩戴黑色标记。而每行的第一列会把徽章佩戴在头上，第二列佩戴在颈上，第三列佩戴在胸前，第四列佩戴在腹部，第五列佩戴在腰间。明确的标识，再辅以长时间的训练，这样才能保证军人在残酷杀场之中，认清自己的位置，找出自己的部队。

最后一步则是军阵的训练。秦代的军阵，已经有多种样式。如作为基本队形的方阵；用于环形防御的圆阵；用于虚张声势、散开阵形的疏阵；用于集中兵力进行防守的数阵；用来突击的锥行阵；用来包围、夹击敌人的雁行阵；用于掩护侧翼的钩行阵；等等。这些战阵又有多种复杂的变化，并能相互转换。

总之，通过训练，秦军的士卒将了解自己在队伍中的位置，适应自己队伍在军阵中的位置，知道怎样集中或分散，以及掌握各种阵法的变化和在高山、丘陵、河流等各种复杂地形布阵的技巧，等等。

在群体训练的同时，身体素质和个人格斗技术的训练也是秦军的重中之重。秦人主要开展“蹴鞠”“投石”“超距”等军体活动来增强军人体质。“蹴鞠”与其说像现代足球，不如说像英式或美式橄榄球。“投石、超距”则是投掷巨石和跳高、跳远。秦军格斗训练的内容相当广泛。手搏，即徒手搏斗，类似于现代的散打。角抵，又名角力，颇似于现代的摔跤。还有习练弓弩的射技，以及冷兵器使用的剑戟之术。

此外，秦军还会因为地域、个人情况以及国家需要的不同，对正卒进行步兵（材士）、骑兵（骑士）、车兵（轻车）和水军（楼船士）不同兵种的针对性训练。

秦军士兵在经过一年严格军事训练后，那些达到材士、骑士、轻车和楼船士标准的士兵，就会转服“戍卒之役”。戍卒的服役期也为一年，其去向有两个：一是成为帝国边防军，驻扎在帝国边疆，为帝国开疆扩土；二是戍卒中的精锐，成为“卫士”，去宿卫帝国的首都咸阳。

每个正卒、戍卒、卫士退役之后，将重新成为预备役，定期服每年一个月的更卒之役。在需要时，他们还会重新被征集入伍。总之，大秦帝国每个身体健康的成年男子，要一直为帝国服务到60岁；如果立有功劳，获得过爵位，那么他们在56岁之后就不需要再服役了。当然在服役期间，这些战士都是脱产的，全部由国家来供养。

募兵制的萌芽阶段

除了那些被记载在历史资料上的信息，出土的文物还为我们提供了大秦帝国军制的另一类信息。2002年，在湘西土家族苗族自治州龙山县里耶古城的一口古井中，考古人员发掘出来一批秦代简牍。这些秦简被称为“里耶秦简”。在里耶秦简中，有12件简牍特别引人注目。这些简牍是大秦帝国追讨债务的文书，其债权方是远在关中的阳陵县，而债务人都是从军于迁陵县（今里耶）的阳陵籍普通民众。这12件简牍的编号连续，形制、措辞、纪年亦非常接近，每一件都明确记有“（某某）戍洞庭郡”“乃移戍所”“阳陵卒署迁陵”这三句公文。由此看来，这12名阳陵籍民众是千里迢迢从军于迁陵县的戍卒。

秦代法律规定，如果欠了国家的税金或无法缴纳国家的罚款，可以选择服役作为抵偿。因此，初看之下，这12名阳陵人之所以到千里之外来当兵，是因为欠了国家的税金，或犯了过错欠了国家的罚款。但根据睡虎地出土的秦简《司空律》，秦帝国法律规定的服役抵偿标准为：无须官府提供伙食者，每日服役可抵偿八钱；需要官府提供伙食者，每日服役可抵偿六钱。日本学者堀毅在其所著的《秦汉法制史论考》中曾经以“日居八钱”的标准推算过一年服役的抵偿金额。他认为一年中服役日数实为325天，325×8=2600钱，即使以“日居六钱”的最低标准计算，一年的时间至少应该可以抵偿325×6=1950钱。

据此，细读里耶秦简可以注意到，有个名叫“盐”的士兵，所欠罚款只不过区区384钱。按照上述标准，两个月左右，他即可全部还清欠款。而实际上，“盐”跟他的11位同乡均在迁陵县至少戍守了两年。换而言之，在12名阳陵戍卒中，除了欠罚款较多的“小欬”（11211钱）和“象页”（7680钱），其余10人早就已经没有债务了。但他们似乎还要继续在迁陵戍守下去。说明这12个阳陵人其实是自愿的“募兵”，也就是靠挣取军饷为生的职业军人。

这些简牍也揭示了募兵制的演变过程：征兵制的戍卒或卫士，因为债务问题选择超期服役，偿还债务。债务还清之后，这些军士被丰厚的超期服役补偿款所吸引，将从军作为自己的职业。

大秦帝国正是依托这种“全民皆兵”“寓兵于农”的征兵制度，辅以萌芽阶段的募兵制，以及预备役、地方卫戍部队、边防军和中央禁卫军的三级军事体制，从而拥有了源源不断的兵源。因此，秦国才能在20万大军败于楚军之后，继续动员起60万大军一举灭亡“带甲百万”的楚国。

秦始皇禁卫部队的模型

至于要想了解大秦帝国军队的兵器与战术体系，最好的素材模板莫过于著名的秦始皇陵兵马俑了。就如有“秦俑之父”美誉的袁仲一先生所指出的那样，秦俑“象征着秦始皇生前的宿卫军”。

自战国时代厮杀出来的大秦帝国，建立了完备的禁卫系统，更将核心精锐力量纳入其中。也就是如前面所说，帝国会抽调戍卒中的精锐去宿卫咸阳。公元前306年，秦昭襄王即位后，命魏冉屯兵护卫咸阳，以此开创精锐卫戍咸阳的制度。此后，秦国的统治者也将掌控住禁卫军视作掌握住权柄的关键。如秦二世就曾征集5万善于射弩的精锐屯卫咸阳。为了照顾这些人的饮食起居，秦二世还特意命令下面郡县调拨郡县豆类、小米以及干草等物资进行“特供”。

这些秦军中的精锐是保卫咸阳和关中地区的主力，也是帝国的重要战略机动部队，平时按野战军模式驻扎，遇有情况由君王直接指挥。而帝国指挥军队的工具，则是著名的虎符。

虎符，亦称兵符，因为被做成伏虎状，所以被称作虎符。它是君王授予臣属兵权和调动军队所用的凭证。虎符能分成左右两半，用兵时，左一半交给带兵的将帅，右一半由君王保存。要动员和调动军队时，帝王将右一半交给差遣的将领。领兵的将领将右一半和带兵将领手中的左一半扣合，互相符合完整，才能验证命令可信，方有权调动军队。秦国法度严酷，凡用兵50人以上，都需要通过虎符。不过考虑到“将在外君命有所不受”的情况，秦国也规定，如果突然遭遇烽火军情，将领不通过虎符也可以用兵。

因此，正如前面所说，以秦军中的精锐、虎狼中的虎狼为模板的秦始皇陵兵马俑，是现代人研究大秦帝国武备体系的最好模板。

目前，已经出土的“兵马俑坑”，一共有4处，分别编号为一、二、三、四号坑。坑中共有8000余件“兵俑”加“马俑”，另有驷马战车130余辆。各坑中的兵马俑均列成方阵排列，构成了一个宏伟的古代军阵。

一号坑长为230米，宽为62米。根据发掘的情况推算，坑内共有徒步步兵和车兵俑6000名左右，驷马战车30余辆。坑内虽有马俑，但均为战车用马。

二号坑长为124米，宽为98米，分为四个不同编组的小方阵。第一小阵为弩兵阵，共有跪射重装俑160个和立射轻装俑172个，并有军官俑和军吏俑各一。第二小阵为战车阵，共有战车64乘，每车有甲士3人，无配属步兵。第三小阵为步、骑、战车混编指挥方阵；合计战车19辆（其中指挥车1辆），步兵俑264个，骑兵俑8个。第四小阵为车骑混编阵，共计战车6辆、骑兵俑108个。

三号坑占地520平方米，共有战车1辆，武士俑68个，判断为兵马俑的指挥机关所在。

四号坑则空无一物，可能未建成，就被迫停工。

根据秦俑和相关文献的配合研究来看，秦军的基层步兵编制为六级：五人为伍，设伍长一人；二伍为什，设什长一人；五什为屯，设屯长一人；二屯为百，设百将一人；五百设五百主一人；两五百，设千人将一人。骑兵编制为四骑为一组，三组为一列，九列一百零八骑为一队。车兵编制为八乘为一偏，二偏为一组，四组六十四乘为一队。

一般来说，一支千人队，再配属一定的独立骑兵与战车部队，就构成了一支具有独立作战效力的曲，曲有军侯一人。若干个曲构成一部，部的长官为校尉。一般秦军由将军统领若干个校尉，但兵马俑作为秦始皇禁卫部队的模型，其校尉必然直辖于皇帝本人。这正和三号坑中未见统帅俑相对应。另外，五百主以上的军官就拥有自己的亲兵卫队，其兵力大约是该军官所辖兵力的十分之一，也和三号坑的情况相对应。

说到这里，我们特别要指出阵法的概念与兵马俑所处的态势两个问题。为了战胜敌人，指挥官就必须按一定组织形式将战士统合起来，便于指挥和控制，以适应不同的战斗模式，这就是阵法。不过，阵法其实是两个词，阵是某个状态下军队的组织形态，法是如何指挥阵变化的方法。阵法总体而言是动态的，是不断变化的。

兵马俑所处的态势则属于“陈兵”状态，类似禁卫军处于检阅状态而非临战状态。如果转入行军或接战状态，禁卫军的布局和组织形式必然发生变化。因此，不能形而上学地从静态理解兵马俑所提供给我们的军阵信息，只有从实战角度配合相关历史记载才能真正了解秦军的作战方式，并破除之前对于秦军作战模式的很多误解。

秦弩在七雄武备中并不突出

第一个要破除的误解就是秦弩在秦军作战体系中的作用。很多影视作品塑造了秦军“无敌箭雨”的艺术形象，仿佛弩是秦军最重要的打击力量。其实这是一种误读。

大约在春秋时代，中国人发明了青铜弩机，使弩的性能有了不小的改善，使弩成为中国军队的传统利器。

青铜弩机是一种转轴联动式的装置，一般包括牙、望山、悬刀、牛、键等部分。“牙”为左右对称两片，中间容纳箭栝（箭尾扣弦的部位），用于卡弩弦；“望山”用于瞄准，与“牙”铸为一体；“悬刀”就是扳机；“牛”（又称“钩心”），用以销住“悬刀”卡口；“键”就是轴销，用来将各部件合成整个装置，并固定在弩臂后端的空间里。

弦上好后，将箭放入弩臂上方的槽内，箭栝在左右两片牙之间顶在弦上。然后弩手借助望山、箭镞与目标三点一线瞄准，扳动悬刀，牛脱离悬刀卡口，牙前倾下缩，弦瞬间失去阻力，将顶在其上的箭弹射出去。即便再怎样强力的强弩，只要扳动弩机，立刻便会发射，正可谓“四两拨千斤”。

三棱箭镞装填上弩之后，其中一棱垂直于弩臂，可以起到准星的作用，更方便进行三点一线的瞄准，因此，成为弩箭的一种常见形制。根据实际应用的不同，箭矢不光会有截然不同的外观形制设计，还会有不同的重量与重心设计。比如重箭通常用来破甲，轻箭则可用来射鸟。又如近战用箭，重心在前三分之一处；守城用箭，重心则在前五分之二处。一般常用的军用箭矢不论是配弓使用的还是配弩使用的，在要求杀伤力更高、穿透力更强、中箭后难以拔出处理等方面都是一致的。

到了战国时期，弩的使用已经普及，长铤箭镞的出土越来越多。这是因为弩的发射力道比弓要大，若继续使用通常的箭镞，容易造成箭在飞行过程中因体轻而造成轨迹弧度过大，命中率不高，或者命中目标时箭杆折断等现象。为克服上述弊端，适当增加铤的长度、提高箭体重量就成为必然的选择。兵马俑坑里出土的许多箭镞长约38.4厘米—41.9厘米，铤长则为33.9厘米—37.7厘米，说明这些箭镞是为了适应弩的使用而制造的。

不可否认的是，秦人确实非常重视弩的使用。大秦帝国对普通士兵弩射考核不通过的惩罚特别严厉。使用强弩的士兵如果射不中目标，不光他要被处分，他和负责管理他的官员都要被罚交两套甲。

兵马俑坑里出土的秦代弩，表明秦弩是战国制弩技术的集大成者。出土的秦弩其弓干长176.1厘米，径长4.5厘米，弦长140厘米，比另一军事强国楚国的160厘米弓干要长。出土的秦弩机与楚弩机相比，弩臂由51.8厘米增至60厘米，悬刀有所增长，望山与弦牙距也有所加宽。秦军的青铜镞，大都是三棱镞和在此基础上进一步演化的三出刃镞，其特点是飞行中稳定，方向性和瞄准性较好。由此可见，秦弩比楚弩更有威力。

但要注意的是，战国时代，秦弩在七雄武备中并不突出，比如“强弓劲弩皆自韩出”。而且，秦代弩没有弩郭（弩机匣），各个零件直接装到弩臂中去。这样结构就不够牢固，同时削弱了弩机和弩臂的强度，弩的拉力也不可能做得太强。因此，秦弩自然不可能拥有影视作品中那样的杀伤力，仅凭弩箭也无法击垮山东六国的敌人。

长铍冲锋：步兵核心打击手段

那么，秦军在作战体系中真正倚重的武器和战术是什么呢？

配合前面“(秦人)闻战，顿足徒裼，犯白刃，蹈炉炭。断死于前者，皆是也”，以及左手提着人头，右腋夹着俘虏，勇猛地追击敌人的描写，其实可以推断出，秦军真正倚重的是白刃冲锋。根据一号坑的出土情况来看，步兵主战兵器为将近4米长的铍和3米长的戟。铍是一种春秋到汉代时期所特有的长兵器，其形制是类似一把短剑插到柲柄当中。铍又叫锬，其刃长25厘米左右，是六面的扁体，前锐后宽，刃口直线前收为锋，极具杀伤力。虽然有说法认为秦军有6米长的长矛，但该处成两段状的遗迹是否一根柲柄，抑或是旗杆都尚存争议。

配合“强弩在前，锬戈在后”的记述来看，秦军步兵的核心打击手段是在强弩掩护下，阵列步兵所发动的长铍冲锋。这正与兵马俑一号坑的兵源构成和武器配备相对应。一号俑坑，由前锋、本阵、两翼和后卫构成。前锋为3横列，每列68人，共204人，其中3人带甲，201人轻装。这204人大部分为弓弩兵，但还夹杂少量持戟士兵。前锋士兵之后的本阵，是由38列纵队组成的战车与步兵本阵，其中少量使用弓弩与剑戟的轻装战士，绝大部分都是手持铍戟的重装战士。在方阵两翼各是170人的单列警戒部队，其中135人重装，35人轻装。方阵后卫也为3横列，每列68人，共204人，但是全员重装着甲。两翼和后卫都是大部分手持弓弩，少部分持剑戟。总体而言，在方阵中，重装步兵的比例要占到72.7%。这种布局符合中国传统的兵力布局“前轻后重”，以及“阵以密则固，锋以疏则达”理论，即列阵要紧密，遇敌进攻时则攻不破；前锋要疏松，向敌进攻时便于战斗。

当然兵马俑所处的是一种面对检阅时候的“陈兵”状态。如果临战，必然是前锋和本阵中的轻装战士，也就是秦军中的锐士前出散开，组成散兵群，袭扰敌人。重装战士变阵，减少纵深，扩大正面，以便发动长铍冲锋。至于方阵中的战车，考虑到其极少的数量，以及战国时代步兵的兴盛，其在方阵中应该更多起到指挥车和运输车的作用，并不直接参与战斗。

其实秦军步兵方阵的兵力武备情况，与1500多年后的欧洲瑞士步兵方阵有着某些共同点。瑞士人也组织配备长戟和弩的散兵部队，在开战前去袭扰纠缠敌人的步兵阵列，并在这种袭扰和纠缠中试探出敌人步兵阵列中的薄弱点。之后，瑞士人作为核心力量的长矛方阵将向这些薄弱点发动勇猛的冲击。其实这种战法在牧野之战中也曾被周军以“致师”的形式所采用。因此，也就可以明白，荀子为什么会说“齐之技击不可以遇魏氏之武卒，魏氏之武卒不可以遇秦之锐士”。因为只要给予秦军锐士以可乘之机，六国军队就可能在己方阵列最薄弱的地方遭受到秦军长铍冲锋的致命打击。

兵马俑无盔是一种礼仪需求

第二个要破除的误解就是秦军不重视防护。在20世纪，考古学家们发现了一个奇怪的现象，在发掘兵马俑的过程中出土兵器上万，却没有一顶头盔的存在。

然而，春秋战国时期频繁的征伐，有力刺激了军事技术的发展，无论是记载还是出土文物，都显示当时的中国军队并不缺乏头盔。早在春秋时期，青铜盔变得圆润贴合头型，两边护颊加长，以丝绦穿过头顶纽而后在下颌打结固定。到了战国时期，皮胄和铁胄开始出现。战国皮胄为多片组合式，曾侯乙墓中出土的皮胄是它们的典型代表，共分胄脊、盔体片、护额片、项顿片四大部分，由丝线连缀成一个整体，盔型美观，贴合头部，可以说达到了相当的工艺水准。

1965年，在燕下都武阳台丛葬坑中，我国考古学界首次发现了战国铁胄实物。这顶胄由头顶圆片和88枚矩形铁制札片以上压下的方式编缀而成，将穿戴者的整个头部（除面门）全部置于它的保护之中。它的出土，证明了中国在战国时期铁制甲胄已经达到生产化和实战化，在此后数百年里，这种札甲胄一直顽强存在于中国军队中。

因此一些学者认为是秦军为了彰显勇敢而不装备头盔，由此引申出秦军不重视防护。不过，1998年，在秦始皇陵墓内发掘出一座大型陪葬坑，里面有大量如燕下都铁胄一般以石片叠压连缀而成的石质头盔模型，从而颠覆了以往对秦军无盔的说法。兵马俑无盔，更多是因为其是处于帝国皇帝检阅状态下，“免胄”是一种礼仪的需求。

其实从复原秦甲的情况来看，秦军其实十分重视战士的防护。秦甲由前甲（护胸腹）、后甲（护背腰）、披膊（肩甲）、盆领（护颈项）、臂甲（护臂）和手甲（护手）等不同部分组成。不同的兵马俑还因兵种、身份、战斗需要的不同而设计铠甲。如步兵的前胸、后背和肩部易受伤害，其铠甲多由前甲、后甲和披膊三部分合成。骑兵必须便于骑射，其铠甲比较短小，长仅及腹，没有披膊。车御的臂、手、颈易受攻击，其铠甲不仅有前甲、后甲，甚至还有臂甲、手甲还有盆领。

总体上来看，大秦帝国的皮甲呈现以下三大特点。

第一，军阶化。不同衔职的军人所穿皮甲的款式各有不同，级别越高者皮甲制作越精良，防护面积越大，士兵更容易在战场识别军官以便指挥，加强了部队的凝聚力。

第二，专业化。不同兵种的军人，衣甲形制根据实战需要被区别开来，这是秦军从实战中总结出来的宝贵经验。

第三，精细化。为了获得更好的灵活性，皮甲的甲片再次缩小，编织更为细致，使其在实战中不畏刀剑、更为牢固，并且在部分皮甲边沿出现了织物包边（也有说法认为织物包边的为铁甲），使甲片不易磨损和脱落，寿命相应延长。

一般来说，秦代处于中国军队由皮质札甲向铁质札甲过渡的时期。中国甲胄修复专家白荣金先生认为，用皮革而不是青铜制甲不能简单理解为防御装备落后。因为青铜的结构强度和硬度并不算理想，并且容易破裂。此外，青铜密度高，也就意味着在同等重量的情况下，皮甲能够提供更好的防护厚度。中国社会科学院考古研究所曾结合曾侯乙墓出土的髹漆皮甲胄进行过复制试验，发现皮甲甲片经过鞣制、合成、髹漆之后，质地十分紧密结实，拥有良好的防护性。此外，由于皮革的弹性，其对钝器的打击拥有较好的防护性。

当然，秦军重装步兵缺乏对于腿部的防护，其防御力要弱于装备着“三属之甲”的魏国战士，但这是为了机动力而做出的必要牺牲。

古人解决办法是把长剑往腰后推，这样就方便拔剑了。具体说来有可能是剑柄下压，剑鞘后推，有点类似日本打刀的拔刀方式。

另外提一句，秦王嬴政身手应该很不错，能有效地躲避荆轲的第一击，穿着会客的衣服轻松站起来逃跑，还有机会拔剑，拔出剑来一击就断了对方一条腿，妥妥是个练家子。

秦军的钢铁武器

最后一个要破除的是关于秦剑的一些误解。以往有种说法，认为秦剑“刃薄、坚硬、锋利”，是合理的铜锡比让这种窄而薄的长剑拥有很好的实战性。然而，近年来的研究发现，俑坑出土的青铜剑其实很脆，易断易折，并不是实战兵器。

根据秦始皇陵兵马俑一号坑发掘报告中对秦剑的检测，其表面含锡量为31%，内部含锡量为21.4%。青铜作为铜锡合金，主要影响硬度性能的就是含锡量。如秦陵0421号剑的硬度为22—24HRC（约为200HB），与不淬火的中碳钢水平相近。但是，高含锡量赋予青铜高硬度的同时，也会使其变得很脆从而缺乏韧性与强度。秦俑馆考古队队长就曾表示：“从性能上讲秦剑是脆而易断。俑坑中出土较多剑身残断后的断节，恰好反映了秦剑很脆的特性。”

由此，也引申出一种新的观点。那就是秦俑坑青铜剑，其实是钢剑的青铜模型。这种观点的理由如下：首先，秦俑坑青铜剑太长了，接近90厘米。青铜长剑确实有，如希腊迈锡尼地区就出土过一米多长的青铜剑。但是中国青铜剑其实没有很长这个传统，战国中晚期的青铜剑最多也就60多厘米。也就是说，战国青铜剑和秦俑坑青铜剑之间找不到传承和过渡，这不符合武器发展的正常规律。

其次，秦俑坑青铜剑太窄了。青铜比钢铁脆弱，所以所有先秦青铜剑都很宽，古希腊青铜剑也是如此，都是为了避免折断。更不要说秦俑坑青铜剑含锡量为20%以上，因此更脆。但是这个形制对于钢剑却不是问题，因为3厘米左右的宽度对钢材来说正合适。

最后，青铜剑是铸造剑。从西周开始，中国制剑就一直是先铸造一个剑条，大致磨好之后，然后在上面铸造护手和手柄。但是秦俑坑青铜剑却是后世钢剑的结构。一条扁平的剑条，套接另作的护手、剑柄。这是因为钢剑是锻造的，钢剑条套其他部件才是合理的工序流程。

因此，如果排除大秦帝国所装备的长剑都是样子货这种最不可能的情况，剩下就只有一种可能，那就是秦军特别是禁卫军现实中所装备的其实是钢剑，兵马俑里所出土的其实是钢剑的陪葬模型——明器。由此引申而来，真正的秦军特别是咸阳卫戍军这样的精锐，已经开始装备钢铁武器。

总之，经过以上的论述，我们可以更真实地复原大秦帝国咸阳卫戍军的形象：他们在保证机动性的前提下，拥有良好的防护，已经开始装备钢铁武器。在重视远程弓弩打击的同时，他们更敢于白刃格斗，善于发动长铍的凶猛突击。

未完工的四号坑该是什么部队？

当然，以上论述都是基于秦俑一号坑而言。其实按照《孙子兵法》的“奇正”理论，即“以正合，以奇胜”，一号坑的步兵方阵属于“正兵”。二号坑那种步、骑、战车混编，拥有机动力、防护力和远程打击力量，并单独拥有建制的合成军阵，则应该属于“奇兵”范畴。根据其构成，该部军阵具备独立作战的能力和相当强的实力，能于敌情不明状况下前出侦察袭扰，遭遇战时争取先机；双方僵持时，进行侧翼打击；敌阵动摇时迅速扩张战果，退却时殿后掩护。举个不太恰当的类比，二号坑军阵有些类似现代美军的装甲骑兵团。

至于那个未完工的四号坑，位于一号坑之左，二号坑之后，三号坑之前，所以不会是后勤辎重部队。这个位置恰好是一支战场机动部队所在的位置。据《史记》记载，秦之先祖曾在汧水与渭水之间替周天子养马，而其后历代“好马及畜，善养息之”，到了秦惠文王时代，已经有了“骑万匹”的说法。

大秦帝国建立后立即对匈奴动兵，公元前215年，秦军发动对匈奴的攻击作战。到了公元前214年，大秦北征军已经踏破贺兰山缺。

如此迅猛地击败以“天之骄子”自称，凭借着大骑兵集团雄霸河朔、威加大漠的匈奴人，大秦帝国必然要拥有一支精良的骑兵部队。因此，以大秦帝国最精锐部队为模板的兵马俑里，却无独立骑兵部队，显然是不可能的。

另外，考虑到四号坑的形制与二号坑的车骑步混编小阵颇为相似，并且面积是其四倍，因此四号坑最为可能的布局就是一支骑兵部队，是配合一号坑方阵作战的另一支奇兵。这也符合《孙膑兵法》中“以一侵敌，以二收”的理论。

总体来看，一号坑的步兵方阵如同铁砧，二号坑和四号坑的两支奇兵为铁锤，任何陷入其中的敌人都将被粉碎。当年长平之战的最后关头，白起就是以主力步兵方阵，抵御住了赵军的猛攻；以2.5万名车骑步混编的奇兵，包抄到赵军后方，断其归路；5000名骑兵机动部队则突入赵军营垒，袭扰其后方，断其粮道。最终，40万赵军陷入了锤砧之间，成就了大秦帝国的累累战功。

（文/原廓）

大秦“将星”的奇谋与荣耀

大秦帝国自公元前221年正式建立，至公元前207年灭亡，虽然国祚不过15年的时间，但其以铁血之姿，建立起中国历史上第一个大一统的中央集权制国家，成为承前启后、继往开来的分水岭。如清末变法领袖谭嗣同曾说：“两千年来之政，秦政”，大秦帝国开创了之后中华民族两千多年的政治制度和社会格局，因此，大秦帝国也为后世人所推崇和铭记。

众所周知，吞灭六国、建立大秦帝国的伟业最终是由秦王嬴政完成的，他也成了“始皇帝”，但他也是“奋六世之余烈”。显然，秦国的崛起离不开历代君王的励精图治和变法图强。然而从军事角度考察，秦国自献公徙都栎阳，孝公再迁咸阳，凭借所据关中的有利地形，虎视天下之势已成，遂欲成“帝王之业”，六国则“恐秦兼天下而臣其君，故专兵一志以逆秦”。在这样严峻的战略态势下，秦人所执行的军事战略，无疑成为胜败最关键的因素。大秦帝国在此过程中如果战略部署失当，则鹿死谁手仍未可知。

当时秦人针对山东六国的合纵战略，以连横战略作为破解，作用于军事角度就是著名的远交近攻。但同时，秦人在远交近攻的同时，也执行着近交远攻战略。如秦惠文王时代，舍韩伐蜀。又如公元前284年的燕、秦、韩、魏、赵五国合兵伐齐。虽然秦国劳师远征，“肤寸之地无得”，却使东方最强的齐国元气大伤，从此一蹶不振。其后“秦日夜攻三晋、燕、楚”，五国只能“各自救于秦”，齐再不能助五国拒秦，“秦以故得灭五国”。

然而，无论是英明君王营造的优秀战略态势，还是在“耕战立国”理念下动员起来的强大军力，都需要有骁勇善战的统帅，才能最终实现战场上的胜利。对于大秦帝国，幸运的是，在其崛起过程中，涌现出如司马错，甘茂，白起，王翦、王贲父子，李信，蒙骜、蒙武、蒙恬祖孙三代等一系列骁勇善战的军事统帅。在这些璀璨将星中，以战国四大名将“起翦颇牧”中的白起、王翦，以及北伐匈奴的蒙恬最为著名和具有代表性。

“战神”与“杀神”

白起，郿县（今陕西眉县）人。史书上也有一些记载称其为公孙起。白起的出生年月，已不得而知。他死于公元前257年，此时，秦始皇才刚满三岁。《太平御览》中记载白起这个人，头长得有些小，却很精干，眼珠黑白分明，炯炯有神，叫人从远处一瞧便知这不是一般人。

白起很可能早年即加入秦军，连年征战。他最先在公元前293年的伊阙之战中显露身手，之后参加了秦国当时一系列的重大战役。他戎马倥偬四十载，攻无不克，战无不胜，为秦国立下了辉煌的战功。他也从左庶长、左更、国尉一直升至大良造（秦国最高军事长官)，并被封为武安君。当时有人评价他说：为秦战胜攻取者七十余城，南定鄢、郢、汉中，北禽(擒)赵括之军，虽周、召、吕望之功不益于此也。也就是说，人们认为白起同当年辅佐周武王伐纣的吕尚和东征东夷叛乱的周公一样，功高无比。

白起曾评价自己各次作战的胜利原因："皆因计利形势。"也就是说，白起在作战前和作战时，极为重视掌握和分析敌方之虚实强弱，善于奇谋破敌。而最能体现白起奇谋能力的，则是让白起同时赢得了"战神"与"杀神"名号的那场著名的长平之战。

爆发于公元前262年的长平之战，是我国历史上最早、规模最大的包围歼灭战。在白起被作为撒手锏投入战场之前，赵军虽然难以抵抗秦军的猛攻，初战即丧失了几座壁垒和一些军力，但在战国四大名将中的老将廉颇筑垒固守、坚壁不出的防御战略下，逐渐稳住了阵脚。到公元前260年时，秦军面对廉颇的固守束手无策，只好与赵军对垒，双方在长平陷入了相持状态。当时秦(国)垒壁和赵(国)垒壁的建筑规模非常之大，都超过百里，合计约有270里长。

这时，赵孝成王听信秦相范雎派去赵国的细作散布的谣言，认为廉颇年龄过大，已无带兵作战能力，便用赵奢之子赵括换下了廉颇。秦昭襄王即刻下令以白起为大将，马上奔赴前线，统率大军。另外，秦昭襄王还下令"军中有敢泄武安君将者斩"，采取了严格的保密措施。

可是，当白起赶赴战场的时候，战场态势其实是颇不利于秦军的。因为当时秦军可谓劳师远征，后勤补给主要依靠河内道和河东道。可即使相对好走的河内道，全程也达450公里。而对面的赵军，基本上身后就是后勤补给基地。在当时的地理情况下，秦军的后勤压力要远远大于赵军。

秦军的后勤难题

其实，当时的秦军已经建立起令人惊叹的后勤体系。自商鞅变法后，秦人“内立法度，务耕织，修守战之具”。在发展生产、安定后方的同时，秦人有司徒和司空这类负责后勤保障的管理岗位。司徒下辖旅师、遗人、委人，再下设廪人及仓人，掌管各种委积（指粮草钱财等项）。司空辖管匠人、梓人、治氏、筑氏等，主要掌握工具与战具的制造生产。据记载，当时的军队里有炊子（厨师）、守装（装卸材料）、顾养（家禽畜牧的饲养）、樵汲（砍柴打水）等后勤人员，以及方士（医官）、马弁、木匠、铁匠、军牢、草史（掌草料兼兽医）、通粮（运送粮草辎重）等“杂流”。云梦秦简涉及了很多秦军在技术保障方面的细节，“禀卒兵，不完缮，丞、库啬夫、吏赀二甲”，即如果发现因管理不善而导致军械损坏，相关人员要受到处罚。

一方面，对于军粮配给，秦军还设有专门的军粮管理机构——军粮廪。云梦秦简记载，士兵不许冒领军粮，违者戍边两年；私自买卖军粮的士兵以及相关官员都要受到惩罚。另外，云梦秦简还有不少关于“授衣”“廪衣”的记载。从出土的秦陵兵马俑看，士兵的军服已有统一的规格，这都是军队衣服由国家供给的证据。至于云梦秦简中那两封著名的“要钱要衣服”的信，应该只是为了弥补“官给”的不足。

另一方面，在军用牲畜领域，秦军在甘肃天水建立了中国古代第一座“国营”军马场，并设立太仆一职，掌管军马的饲养、繁育。秦军对军马的管理非常严格，对军马的数量要严加登记。如果由于饲养不当，一年死三匹马以上，主管养马的官吏要受惩罚。如果一个人负责喂养十头成年雌马，其中的三头不生小马的话，相关人员也要受到不同程度的惩处。据云梦秦简记载，公元前265年，秦国实施马政，鼓励民间养私马，以便备战时有条件征用。

同时，秦人有悠久的修路传统和精良的车辆制造技术。公元前316年，秦国为了攻取巴、蜀，就修筑了栈道。栈道长度曾达数百公里，分布在秦岭、巴山、岷山之间。栈道盘旋于高山峡谷之间，或凿山为道，或修桥渡水，或依山傍崖构筑，用木柱支撑于危岩深壑之上。秦人在复杂地形条件下出色的筑建能力由此可见一斑。正如《史记》所说：“栈道千里，通于蜀汉，使天下皆畏秦。”秦国还以都城咸阳为中心，广修驰道，逐步建立了发达的道路网络。

道路和车辆是相互依存的。以兵马俑坑出土的秦青铜车为例：该车的精巧做工还在其次，重点是其车轮做得非常考究。30根密集的辐条，分散了车身重量对轮圈的压力，使得轮子既轻快又结实。从侧面来看，辐条靠近车毂的地方明显加宽，以加强轮子横向受力的强度。车毂中间是一个灌满油或脂膏的空腔，这使得行车更轻捷。另外，秦人已经将系驾马匹的带子分别裹在马的胸肌和肩胛处，而不像当时欧洲那样直接勒在马脖子上。这使得驾驭大为简化，也使牲畜能拉更重的货物。

当然，这一切后勤方面的努力，在面对漫长的补给线之时，都往往显得很无力。北宋科学家、政治家沈括曾做过一次推演：一个后勤人员可以背6斗米，一个士兵自己可以带5天的粮食。6斗米，每人每天吃2升，2人吃18天。所以一个后勤人员供应一个士兵，一次可以维持18天的行军。但其实只能前进9天的路程，因为要留出回程的粮食。两个后勤人员供应一个士兵的话，一次可以维持26天。三个后勤人员供应一个士兵，一次可以维持31天，也就是前进16天的路程。但三个后勤人员供应一个士兵，已经到了极限了。如果要出动10万军队，辎重占去1/3。能够上阵打仗的士兵只有7万人，就要用30万后勤人员运粮，再要扩大规模很困难了。

就算在牲畜与车辆非常充足的秦代，蒙恬北击匈奴，“率三十钟而至一石”。钟是秦汉时代的容积单位，一钟是六石四斗。“率三十钟而至一石”，意思是路上要消耗十余钟甚至三十钟粮食，才能将一石粮食送到前线。千里远征，战士每吃到1斤粮食就要在路上消耗掉64斤甚至192斤。这就是古代低得可怕的转运效率。军事后勤学上将其称作“距离的暴虐”。

当然，河内道和河东道都有一段漕运路线。水运是古代最为高效的后勤补给运输方式，这可以极大地缓解后勤运输压力。不过，对长平秦军而言，离开水路后，依然有漫长而崎岖的山地陆路补给线。

综上所述，大家就能明白当时白起乃至秦国所承受的巨大后勤压力了。因此，对白起而言，运用奇谋，调动缺乏经验和年轻冲动的赵括主动出击，然后速战速决，彻底击败赵军是最迫在眉睫的战役目标。

稳、准、狠

白起以“示弱”“佯败”，骄益赵括，诱其离营；同时竭力避免与赵国大军发生主力决战。他引诱赵括出击后，立即用快速部队切断赵括与营垒的联系，“分断其军为二”，然后再集中兵力分头合围，全歼了赵军。

但此时，白起也暴露出他“杀神”的一面。战后，白起基于“秦卒死者过半”、担心“赵卒反复”，所以他面对赵军40万降卒，做出了恐怖的暴行，“乃挟诈而尽坑杀之。遣其小者二百四十人归赵。前后斩首四十五万，赵人大震”。

其实，白起的奇谋可以用三个字概括：稳、准、狠。

“稳”：在伊阙、华阳、鄢郢、长平诸战前，白起均对敌人多方深入地“计”“度”“料”“衡”。《史记·白起王翦列传》也说：“以起之材智，知己知彼而得算多。”因为白起善于战前“庙算”，所以未战时便已“稳操胜券”。

“准”：长平之战前的公元前263年，白起攻占了南阳（今河南修武），又于次年攻占野王（今河南沁阳），封锁了韩国与上党的交通，使上党成为孤城。这为秦国攻取上党和赢得长平大战，做好了前期准备。秦赵长平大战时，韩、魏两国近在咫尺，却始终无法救援，关键就在于通往上党、长平的咽喉要道——南阳和野王被秦军死死扼住。

“狠”：切断赵军粮道后，一直将其围困到人吃人的地步。然后抵御住了赵军的决死突围，最后更对数十万赵军俘虏举起了屠刀。

对于白起的军事艺术，后世是非常推崇的。唐懿宗曾下诏书勉励提倡武官必须“学起、翦（白起、王翦）之兵书”。宋代《崇文总目·兵家类》录有《白起神妙行兵法》三卷。由此可见后世对白起“战神”地位的肯定。

不跟有可能击败自己的人正面作战

白起打赢了长平之战是奠定了秦国统一六国的基础，而秦国灭亡六国的一系列关键性战役，则是由与白起齐名的秦国统帅——王翦打赢的。

王翦是秦时频阳东乡人，他的家世出身与早年活动已经无法考证，只知道他“少而好兵”，“始皇师之”。秦王嬴政在公元前247年即位。当时，嬴政13岁，由其母和吕不韦掌握政权，公元前238年，22岁的秦王嬴政在雍城（今陕西凤翔）举行加冕典礼，宣布亲政。在亲政之前，嬴政很可能就已拜王翦为师了，学习军事方面的内容。

秦王政十一年（公元前236年），王翦率兵伐赵，夺取了阏与等九城，拉开了秦统一六国战争的大幕。秦王政十八年（公元前

229年），他再次大举率兵攻赵，并于次年灭亡了赵国。秦王政二十年（公元前227年），他率兵大败燕、代联军于易水之西，并夺取燕都，基本上灭亡了燕国。秦王政二十年至二十五年（公元前227—公元前222年），王翦统帅60万大军灭楚，并乘胜平定百越部分地区。

在这一系列征服六国的战争中，赵军战斗力强悍、楚军实力雄厚，所以王翦同两者的作战，最能体现其指挥艺术。简单说来，相对于白起的奇谋，王翦的特色是后发制人。

比如，灭赵战争是秦国整个统一战争打开局面的关键。赵军不仅战斗力强，而且其统帅李牧同为战国四大名将之一，曾大破匈奴和屡挫秦军，可谓与王翦棋逢对手。但是，王翦却没有和李牧正面对决。他没有想通过战场决胜来跟后者比个高低，而是不惜用重金收买赵王的宠臣郭开，散布李牧与秦军联合反赵的流言，致使赵王杀死李牧。在李牧死后，王翦才发起猛攻，不到三个月就消灭了赵军主力，灭亡了赵国。

而在灭楚战争中，鉴于将军李信率20万人灭楚而惨败，王翦直到说服秦王嬴政得到了60万大军后，才答应领兵出征。但王翦之后在拥有极大优势兵力的情况下，面对楚将项燕，却选择按兵不动，固守不出，只是与士卒同甘共苦，加强训练。楚将项燕求战不得，持久不利，不得不引兵东撤。结果，王翦乘楚军撤退之际，突然发起猛烈攻击，大破楚军，灭亡了楚国。

可以说，王翦的后发制人，其实是一种特殊的战场哲学和艺术——不打败仗的关键是不跟有可能击败自己的人正面作战。

随着王翦、王贲父子的努力作战，秦王政二十六年（公元前221年），嬴政终于统一了六国，建立起了大秦帝国。

如何捕捉敌人进行主力会战

此时，世代为将的蒙恬通过参与一系列六国征服战争，成长为大秦帝国最优秀的年轻统帅。同时，北方的匈奴人也成了帝国最危险的敌人，而蒙恬也即将因为北伐匈奴而青史留名。自战国中期开始，匈奴人不断南下，时而越过阴山山脉，掠绕燕、赵、秦等国的边境地区。赵孝成王初年（公元前265年），赵国大将李牧在代郡和雁门采取示弱于敌、诱敌深入的战术，大破入侵劫掠的十余万匈奴骑兵。此时的匈奴人虽然已经变得危险，但还不致命，因为他们还只是一个松散的部落联盟。

在秦始皇统一中原的过程中，匈奴人的社会制度正处于由部落向奴隶制转化的阶段，并出现了自己的政治领袖人物——头曼单于。从头曼单于开始，匈奴在政治上趋于团结、统一和稳定，经济实力和军事实力也比以前大为增强。此时秦帝国北部边防的大多数地区都处于匈奴的直接威胁之下。尤其是关中地区，乃秦立国之根本，秦都咸阳之所在，但自匈奴人占领河南地以后，关中和咸阳所受到的威胁最为严重而直接。

因此，不断南下的匈奴，同空前统一而强大的大秦帝国之间的战争，便难以避免。秦国在统一六国后，为防备匈奴入侵，将原来秦、赵、燕等国修筑的长城加以连接，成为西起临洮、东至辽东绵延不断的长城。

但是秦始皇明白，仅靠长城被动防御是无法解决匈奴问题的。对匈奴人的反击就被提上了帝国的议事日程。反击匈奴的秦军统帅就是蒙恬。蒙恬所面对的匈奴人，是新时代的敌人。匈奴骑兵人人习于骑射，勇于战斗，长于奔驰突袭，灵活机动。他们来去如风，出没无常，擅长分散作战，无需后勤保障。而秦军同匈奴相比，虽然组织严密，装备精良，训练有素，车、步、骑配合协同，长于大规模集团作战，但其灵活性和机动性差，受地形条件的限制较多。

因此，蒙恬与白起、王翦这样的前辈相比，需要考虑的不再是如何避开主力会战，而是要考虑如何捕捉到敌人进行主力会战。而且在草原戈壁上作战，有些类似近代的海战，需要对敌情、方位、路线等因素具有极强的把握能力，才能找得到、追得上、打得动。这都是以往秦军统帅所没有遭遇过的问题。那么蒙恬的表现如何呢？

中国古代边防思想奠基者

秦始皇帝三十二年（公元前215年），秦军针对匈奴的攻击作战开始了。

在第一阶段中，秦军已有充分的准备和周密的计划部署，发挥步、骑、车等多兵种大兵团协同作战的优势，出其不意攻其无备。蒙恬率主力由上郡经今榆林北上，迅速攻占河套北部地区，几乎没有遭到什么重大抵抗；同时驻守北地、陇西两郡的秦军，也向河套的南部地区发起进攻。秦军这一东西并进、南北夹击的攻势，很快就将河套以内的匈奴军队击溃，一举收复了河南地，一直推进到北河（今乌加河，当时为黄河的主流道）南岸。

在第二阶段中，秦军夺取河南地后，稍事巩固和休整，接着于第二年发起新的攻势，战略目标是把匈奴全部驱逐到阴山山脉以北。此时，匈奴的头曼单于已经在集中兵力，正试图夺回河南地。不料秦军很快即发起攻势，头曼被迫应战，双方遂于高阙、陶阳山、北假一带展开激战。由于秦军具有数量、质量、多兵种协同作战和统一组织指挥的优势，连战皆捷，夺取了整个阴山地区和贺兰山高地。

公元前214年，大秦北征军已经踏破贺兰山缺。蒙恬面对新形势、新情况，以及新时代的敌人，依然表现出优良的指挥艺术与战场把握能力。

综合来看，相对于白起的奇谋、王翦的后发制人，蒙恬的特点则是灵活。这个特色在其前期参与征服六国的战役中已经有所体现。如他十分擅长钳形攻势与侧翼攻击的战术，往往采取突然袭击的方式，抓住敌人的要害和弱点，一举突破，速战速决。灭齐之战中，“齐王建与其相后胜发兵守其西界”，王贲和蒙恬抓住齐军主力西调、国内空虚之际，从燕南发起攻击，从侧翼直插齐都，“猝入临淄”。在北击匈奴的过程中，蒙恬独立领兵时，对这种战术运用可称得上炉火纯青。在匈奴主力还在阴山中部时，蒙恬突然率军侧击其右翼——河南地的匈奴势力，并辅以另一路秦军的钳形攻击，一举收复河南地。此后蒙恬更在匈奴试图夺回河南地之前，同样以侧击击败了匈奴主力，展现了以步兵为主但却战胜骑兵部队的精妙战争艺术。此后，蒙恬更奉秦始皇之命，“筑长城，因地形，用制险塞，起临洮，至辽东，延袤万余里”。他更在黄河沿线修城筑县44座，迁徙百姓戍边，以便屯兵和补给，从而将长城建设成了一道强大的防御屏障，很好地抵御住了机动性超强的匈奴骑兵。

这种依托长城防线进行积极防御的作战方式，成为日后历代中原王朝抵御北方少数民族骑兵的战术模板。蒙恬也成了中国古代边防思想的奠基者。

就这样，在如白起、王翦、蒙恬这样的将星照耀下，秦国一步步崛起为大一统的大秦帝国，并开始引领中华民族走向更为广阔的未来。

（文/原廓）

秦军的军功考核标准，真的只看人头数吗？

提及秦军，很多人第一时间想到的会是军功首级制。有人认为，秦国的士兵只要斩获敌人“甲士”（敌方军官）的一个首级，就可以获得一级爵位“公士”。斩杀的首级越多，获得的爵位就越高。正是这种军功首级制度让秦军成为“虎狼”，从而一统天下。

但是，一个基层小兵真的能靠一直砍人头逆袭成贵族吗？秦国有那么多爵位和土地去封赏吗？

今天，我们就来讲讲秦军军功首级制度的KPI考核办法。

“爵”的本意是一种酒器

中国古代有一种古老的礼制，叫乡饮酒礼，起源于社区共同体的集体聚餐会饮。在这个会饮的场面上，长者、尊者、幼者、卑者各就其位，敬酒行爵的次序就是每个人身份地位的直接反映，也是最原始的爵列与爵序。

封爵是一种封赏大臣的重要手段。早在西周时期，中国就已经形成了完备的封爵制度，即公、侯、伯、子、男五个等级。春秋时代，王室衰微，礼崩乐坏，五等爵制度宣告崩溃，一种新兴的适应时代特点的封爵制度逐渐形成，这便是军功爵制度。

西周时期的政治从本质上讲是一种“军政合一”制度，带有浓郁的“尚武”色彩。而毗邻西戎、又脱胎于西周的秦国自然也是骁勇好斗、武德充沛。

事实上，商鞅变法之前，秦国就已经开启了缓慢改革的步伐，到了秦孝公的父亲秦献公时期，变法的步伐进一步加大。秦献公在魏国流亡过，见识过魏国变法后的强盛。回国后，秦献公开始推行县制，缩小贵族的直属封地，并将国都迁徙到靠近魏国边境的栎阳。

即位后的秦孝公意识到以往的变法并不彻底，所以针对六国发出了求贤令，这才有了后来的卫鞅（商鞅）入秦的故事。

商鞅主张“有军功者，各以率受上爵”，同时规定“宗室非有军功论，不得为属籍”，以达到“明尊卑爵秩等级，各以差次名田宅，臣妾衣服以家次。有功者显荣，无功者虽富无所芬华”的目的。

落实到执行层面，商鞅把爵位依据从小到大的顺序分为小夫、公士、上造、簪袅、不更、大夫等十几个等级。附带在爵位之上的是社会地位的提升、经济条件的改善和其他优厚的待遇。

打怪升级没有那么简单

按照秦制，从“公士”到“不更”这四等是“士爵”。一个普通士兵斩首四级，就可以升级到屯长。但是，在实际操作中，这个标准很难达到。

当你只是一名无爵位的士兵时，必须听伍长指挥，跟其他战友协同作战。如果自己脑袋一热就冲出去，会乱了百人队的行次，先被执行战场纪律。秦国军法，每伍若有一人阵亡，其他四人就会有罪。但如果每人杀死一名敌兵就能免于惩罚。因此，你脑子里必须想着先保护同伍的战友，而不是如何砍敌人的脑袋。伍长、什长、屯长、百将同样得服从上级的指挥，除非部队建制被打乱，否则你无法像打擂台那样跟敌兵单挑。

双方大军交战最终会分解为万人阵、千人队、百人队、什伍小队之间的厮杀。按照战国兵法“斗一守二”的兵力分配原则，只有三分之一的兵力会直接投入战斗。大部分士兵主要是作为预备队，或围观、或追击，不一定有砍脑袋的机会。直接参战者受限于固定的战术位置，能斩首一两级就很不错了。

秦军战神白起从第十级“左庶长”升到“武安君”，用了整整16年。秦统一战争的头号功臣王翦，也曾抱怨秦国封侯难。事实上，在商鞅设计的军功爵制度中，就连升到左庶长爵的猛士都很少。原因很简单，秦国军功首级制度的早期准入门槛很低，但后期升迁的限制条件非常多。

军功爵法规定，无爵的士伍斩首一级就晋爵一级，想做官的可以做五十石之官（相当于伍长），斩首二级就晋爵二级，有资格做百石之官（相当于什长）。当你成为伍长时，会增加一个指标：全伍杀敌多过损失才记军功，杀敌和损失相当则无功无过，损失多于杀敌则集体有罪。当你升到屯长和百将级别的指挥官时，自己得不到敌兵首级就要被斩首。

在士爵过后，大夫、公大夫、公乘、五大夫这四级是“大夫爵”，基本是为封建时代的大夫所准备。他们通过军功可以成为县一级别的官僚和将领。可在获得方式上不同于士爵位只需个人斩首记功就可获得，大夫爵位的升级需要计算集体战功。大夫爵位的军官，需要指挥所在单位斩首33人以上，才能“盈论”(达到奖励条件)，百将和屯长才能晋爵一级，且己方单位的伤亡要小于33人。

如果你是将军，盈论标准则变为攻城战要斩首8000人以上，野战斩首2000人。只要达到标准，上至统兵大将，下至后勤杂役都能得到奖赏。也就是说，秦将不仅要打胜仗，并且歼灭至少数千敌军才有晋爵的资格。大多数军官受限于指挥能力，永远停留在较低的层级。

所以，秦军功爵制度的特点用一句话来形容，就是“重罚而轻赏”。爵位升着升着，很容易就掉回原处，甚至可能连脑袋也掉了。

怎么防范杀良冒功?

这里面还有一个疑问，如何鉴别秦军士兵杀的是敌方士兵还是普通老百姓呢?如果秦国士兵用良民的头颅来充当杀敌的功劳，不就乱套了吗?

据考古发现和史料记载，在实行以首级来记录军功的制度后，秦国确实发生过多起“杀良冒功”案件。为了防范“杀良冒功”，秦国制定了很多律法，如上交的首级要带有颈部的喉结，防止用妇女和小孩的首级冒充等。另外，秦军还将五名士兵编成一个战斗小组（伍），每个伍的成员之间要互相监督，一人犯法，全体受罚。

值得注意的是，当初商鞅设计的军功爵1.0版只有十八个层级，没有彻侯、关内侯和驷车庶长。军功爵1.0版分为两个序列。第一个序列是赐给军中的校、徒、操、出公等勤杂人员的爵位，由“小夫”和一级公士两个爵组成；第二个序列是赐给战斗兵的爵位，包括二级上造、三级簪袅、四级不更、五级大夫、六级官大夫、七级公大夫、八级公乘、九级五大夫、十级客卿（左庶长）、十一正卿（右庶长）、十二级大庶长、十三级左更、十四级中更、十五级右更、十六级少上造、十七级大良造（大上造）。两个序列总共十八级爵位，其中二级上造至四级不更都是“卒”，五级大夫及以上都属于军官。

秦始皇一统天下后，既把原先的小夫、客卿、正卿等爵位剔除，又把关内侯、彻侯等纳入军功爵体系，才正式形成拥有二十个层级的军功爵2.0版。

晋升的“天花板”在哪里？

早期军功爵的爵位和职务不太分明，庶长爵几乎是将军的代名词。随着爵职进一步分离，即便担任高级武官的人，也未必能得到大良造爵。

战国灭蜀名将司马错功劳大吧？但他做邦尉时只相当于左庶长的客卿爵。白起攻克新城后从左庶长迁为左更，爵位高于司马错。白起任邦尉没多久，再立战功迁为大良造。司马错已经改任秩级二千石的上郡守，但他只是军功爵1.0版中的左更。而长平之战时的秦军副将王龁才是左庶长，首攻邯郸的将军王陵只是五大夫。

由于早期军功爵最高只到大良造，白起虽屡立奇功，却多年没能再晋爵。其他武将做到左庶长后，也只有立下重要战功的几位佼佼者能继续晋爵。武安君封号和商君一样，是只有极少数人在军功爵封顶后，才能享受的特殊待遇。这是王翦抱怨封侯难的根本原因。

在秦国，最欢迎军功爵体系的其实不是本国平民，而是山东六国的人才。从秦穆公开始到秦始皇统一六国这段时间，秦军对外作战总数大约是130次。在留下统帅名字的80次战争中，任命客卿为主将的多达56次。从秦惠文王四年（公元前334年）设立丞相一职开始，直到秦二世亡国（公元前206年），有24人担任过秦国丞相，其中16人都是客卿出身。

有人可能要问，秦军打胜仗那么多，朝廷有那么多土地和爵位封赏吗？这个其实不用担心。秦国变法之初，地广人稀，国家掌握的土地很多，后来又通过战争掠夺大量土地。关中因远离战事而人口猛增，秦国通过大规模移民来给关中爵户腾地，新爵户则成为新领土的镇守者。更重要的是，秦国不像六国动辄赐给贵族几十万亩田，为奖励军功留足了资源。

秦军功赐田是在普通授田基础上逐级递增。每赏爵一级就增加一顷田产和九亩宅，申请一名无爵的庶民给自己当庶子，可以担任与爵位相对应的官职。秦汉律令规定一宅大三十方步，恰好是九小亩，九亩宅恰好是“一宅”。秦汉的宅包括园圃、庭院。根据杨振红教授的计算，秦汉普通住宅约为30平方米—40平方米，而一宅的总面积为1713.96平方米（足够召集同伍的小伙伴在庭院里练武了）。

按照早期军功爵，最高爵位的大良造最多也只能在基础授田上再增加十七顷田。不过，从第九级五大夫开始会得到三百家税邑，立功之后会再增加三百家税邑。爵位越高，获得的税邑（食邑）越多，但得到的授田还是不多。即使到了秦朝，二十级军功爵制中的彻侯、关内侯虽能得到数量巨大的税邑，但直接掌握的田产没有我们想象中那么多。

后来，王翦向始皇帝“请善田者五辈”，实际上是在法定授田标准外申请足够子孙五辈享有的田产。除秦军功爵益田数量有限的原因外，另一个因素是秦的侯爵不世袭，最多是降爵继承制。田产会随着爵位降低而减少。如果子孙无军功，五辈之后只比平民略多一点。

史书没说始皇有没有破格赐田，王翦最终如愿封侯，其子王贲、其孙王离都是帝国的彻侯。皇帝对自己的老师还是很够意思的，但没有改变商君设置的底线。事实上，秦国的军功爵制度可以视为“三晋”时期类似制度的改良版，在当时并不鲜见，它充其量也只是秦国横扫六合的诸多因素中的一个而已。

总体来看，秦国的军功爵制度存在着一个“阶层天花板”。贵族拥有的“封邑”和“高爵”，在商鞅变法后并没有绝迹。一些理论上的上升路径，对秦国平民来说其实是隔绝的。

频繁的战争以及大秦虎狼之师的“高胜率”，让普通将军们能够相对容易获得新的爵位，这个难度远比普通百姓通过斩首封爵小得多。

（文/原廓）

除了长城，驰道才是秦始皇最强国防工程

秦始皇嬴政在位时期，曾上马了诸多“大型工程”。除咸阳宫殿群、骊山北麓的陵园外，为巩固国防，嬴政还命心腹将领蒙恬修筑了“用制险塞，起临洮，至辽东”的万里长城。但是，上述几项工程的效用及对后世影响，或许加起来都比不上那绵延数千公里的“秦驰道”网络。

跬步千里：“秦驰道”体系形成的漫长过程

“秦驰道”系统之所以不如阿房宫、始皇陵以及长城那般受人关注，很大程度上是因为相关史料不仅少，且极富误导性。

其中最常见的，便是依照《史记·秦始皇本纪》中“二十七年，始皇巡陇西、北地，出鸡头山，过回中……是岁，赐爵一级，治驰道”的记载，认为“秦驰道”的相关工程始于大秦统一天下后的始皇帝二十七年（公元前220年）。

其实，司马迁这段记载并没有明确大秦帝国修筑驰道的具体时间，只是说明了嬴政在第一次出巡后，在对辛苦征战的“老秦人”“赐爵一级”的同时，下令对驰道系统进行“（整）治”或“治（理）”而已。那为什么，嬴政会突然做出这样的决定呢？要

厘清这一问题，我们必须了解一下“秦驰道”网络的整体分布。

一般认为，“秦驰道”系统由如下几条“主干道”组成，即：连通上郡的“上郡道”、过黄河通山西的“临晋道”、出函谷关以通山东的“东方道”、出商洛通东南的“武关道”、出秦岭通巴蜀的“秦栈道”、出陇西通河西走廊的“西方道”以及从辽东至会稽的“滨海道”。

要构筑起如此庞大的路网结构，从前期的地形勘探到工程量巨大的凿山辟林，显然都不是短短几年能完成的。因此，所谓的“秦驰道”网络和大秦帝国一样，其实是“奋六世之余烈”的产物。

虽然“商鞅变法”之中并未提到有关修筑道路的相关内容，但其将秦国首都由地域狭窄的栎阳迁移至地势平坦、比邻渭水的咸阳，本身已为这座城市未来成为帝国的交通枢纽打下了坚实基础。此后，秦惠文王嬴驷吞并巴蜀，初步将汉中盆地、成都平原收入版图。而为了连接这些新近征服的土地，《战国策》中记载秦昭襄王嬴稷麾下的名相范睢，主持修建了“通于蜀汉”的“秦栈道”。

也是在秦昭襄王执政时期，嬴稷彻底消灭了归附于秦国的义渠，并将其领土并入了陇西、北地、上郡。也正是在对义渠等西北游牧部族用兵的过程中，“秦驰道”中的“上郡道”“西方道”逐步成型。

在解除了后顾之忧后，秦昭襄王大举东出，连年征伐韩、赵、魏、楚等国，为了便于军队行进和后方补给，秦人又逐步开辟出“临晋道”、“东方道”和“武关道”。而这些“驰道”也随着秦军的节节胜利而继续向东延伸，并不断并入东方六国的原有道路。

应该说，在秦始皇虎视六国之际，“秦驰道”中除“滨海道”外，其余各条干线的基本框架已然成型，并有力支撑了数以百万计的秦军奔赴各条战线，最终将关东六国一一击破。或许也正因“秦驰道”早已有之，是以，汉代学士贾山在历数秦始皇诸多罪状，谈及“秦驰道”之时，称其“东穷燕齐、南极吴楚”，大体可见嬴政在位期间，只是对“秦驰道”进行了进一步的延伸而已。

并网提速：秦始皇对“秦驰道”的整顿和修缮

由于原有的“秦驰道”系统在扫平六国的过程中发挥出色，始皇帝嬴政似乎没有对其进行全面整治的计划。但随着第一次大张旗鼓地离开咸阳出巡，“秦驰道”系统的诸多问题逐一浮出水面。

秦始皇第一次出巡的距离并不算太远，离开咸阳后，他向北进入北地郡，抵达郡治义渠县，再向西折入当时被称为“鸡头山”的六盘山脉，沿着据传为周穆王所开辟的“回中道”进入陇西郡境内。在巡幸郡治狄道之后，嬴政便启程返回了咸阳。

史书上虽没有记载秦始皇此行的感受，但根据当时的政治环境不难想象，连年征战令大批秦国青壮远征关东，虽然捷报频传，但后方不免百业凋敝，地处边陲的北地、陇西两郡自然更难掩破败。秦昭襄王时代为了征服义渠所修建的驰道，即便经过当地官员的突击整修，走起来也不免坑坑洼洼。在转“回中古道”之际，嬴政更可能因道路宽度的不同，而饱受“车不同辙”的颠簸。

这段不愉快的旅行经历，令嬴政回到咸阳后立即下令对“秦驰道”网络展开全面整治。按照相关要求，所有驰道需要统一拓宽至50步(约合今6.9米)。约隔三丈(合今7米)栽一棵树，用来计算道路的里程。驰道两边根据当地情况，种植杨、柳、槐、榆等树。驰道的路基加厚，呈“龟背形”，形成一个缓坡，以便于排水。驰道两旁则用金属锥夯筑厚实，道路中央则按秦国马车的宽度统一铺设木质轨道，以实现“车同轨”。该项政令下达仅仅几个月后，这位始皇帝便急不可耐地上路了，只是这一次他选择了向东而行。

秦始皇的第二次出巡走得较为顺利，沿着秦军近百年东出过程中不断修缮的“东方道”，始皇帝的车马出函谷关，过洛阳，经大梁、陈留、定陶等地直到昔日鲁国的领地。或许是因为旅途较为惬意，嬴政心情大好，他登上了号称“集泰山之雄、黄山之奇、华山之险于一身”的邹峄山，召集了一干鲁地儒生商讨“刻石颂秦德”以及“封禅望祭山川”等事宜。

在完成泰山封禅的大典后，秦始皇又经临淄抵达山东半岛海滨的成山，随后折回芝罘，经琅琊、郯城、彭城，西南渡淮水，直抵寿春。这条路线所经道路应属昔日齐、楚两国修筑，在秦始皇抵达之前，当地驻军已进行了修缮，能够与“秦驰道”系统相兼容，因此，嬴政并未感到不适，随即便经安陆、株县，南至湘山，沿江西行，经江陵、宛县，最终沿着“武关道”返回咸阳。

可能是感觉到关东诸国有死灰复燃的迹象，也可能是贪恋中原地区有别于关中的富饶，抑或只是“东方道”走起来很舒服，总之，回到咸阳不久，秦始皇又展开了第三次出巡，而且这次出巡的前半程与上一次完全相同。也正因为行程相近，令致力于反秦的六国残余势力找到了发难的机会。

在河南郡内的博浪沙，韩相张平之子张良雇用死士，抛掷120斤的铁椎砸击嬴政车队。虽然这次行刺因“误中副车”而失败，但嬴政也被吓出一身冷汗，在回到咸阳后，足足两年时间没再出巡。

这两年多的时间里，嬴政在忙些什么世人不得而知。但两年后，他还是离开了咸阳，这一次他去的是北方。此次出巡的前半程，嬴政经“临晋道”进入昔日魏、韩、赵、燕的故地，并在碣石命燕国方士卢生入海访仙。而始皇帝却转而向西，沿着秦帝国的北方边境，巡视了上谷、云中等边防要塞，并最终经“上郡道”返回了咸阳。也就是这一年，始皇帝命蒙恬领兵30万北驱匈奴，夺取了阴山河套地区，并着手修建长城。

直道与新道：大秦帝国通往漠北和岭南的“新干线”

可能是对原有“秦驰道”中“上郡道”的通行情况有所不满，在对匈奴用兵的过程中，嬴政为了维持大秦北地边军集团的后勤补给，命蒙恬主持修筑一条由咸阳通往帝国北境的道路，由于这条道路大体南北相直，因此又被后世称为“秦直道”。

根据后世的考古推断，“秦直道”起于今天陕西省咸阳市北云阳县的甘泉山，沿着陕西省旬邑、黄陵、富县、甘泉、志丹、安塞、榆林等县市进入今天的内蒙古地区。在陕西境内的“秦直道”修筑在子午岭的主脉之上，而在进入内蒙古境内，则一路贯穿鄂尔多斯高原，经伊金霍洛旗、乌审旗、东胜区、达拉特旗，越过黄河抵达今包头市郊麻池古城的九原郡遗址。

有史学家表示：如果说万里长城是中原王朝的一面盾牌，那么直道无疑是一把锋利无比的宝剑。实际上，全长700公里的“秦直道”从始皇帝三十五年（公元前212年）开始修造，至始皇帝三十七年（公元前210年）蒙恬被赵高、李斯等人矫诏赐死时，并未完全建成。此后大秦国力在连绵内讧中逐渐衰退，以至于“秦直道”何时完工、最终是否完工仍众说纷纭。

“秦直道”工程的进展缓慢，从一个侧面说明连通全国的“秦驰道”并非始皇帝一代君王便能够建成，也昭示了嬴政对其未来帝国主干道的全新设计理念。

从相关考古发掘来看，“秦直道”路面平均宽度约30米，最宽处达61米。全程很少有弯道，途经的丘陵均有不同程度的开凿，所经山谷则有不同程度的垫土。靠河、靠山和靠沟的一侧均建有夯土护坡。在道路最窄的一段遗留有关卡的大量建筑遗迹。道路两侧还保存有多处烽火台、垭口、兵站、驿站遗址，可谓一条完备的国防军事工程。当然，“秦直道”之所以未能建成，除了其自身过于复杂，还与另一场战事对大秦帝国的牵制有关。

始皇帝统一六国后，为了开疆拓土，嬴政命国尉屠雎率50万大军南下征讨“百越”。或许在秦始皇看来，自己武装到牙齿的军队可以轻松克敌，却没想到，习惯了北方平原作战的秦军在南方丛林之中竟完全无法施展其军事优势，战争陷入了绵延持久的僵持状态。

眼前秦军“三年不解甲驰弩”深陷百越战争的泥潭，始皇帝嬴政终于坐不住了。他命干吏史禄坐镇揭岭，专门负责转运军饷及武器装备，在这样的全力支持之下，秦军一度重新掌握了战场的主动权，斩杀西瓯部落酋长译吁宋。

但越人并未就此屈服，他们遁入丛林之中，与野兽为伍，并很快在新首领桀骏的领导下，对秦军展开了夜袭。在《淮南子》的相关记载中，所谓“（秦军）伏尸流血数十万”的说法有所夸大，但秦军主帅屠雎战死沙场似乎是不争的事实。

前方战败的消息传来，嬴政是否也曾顿足捶胸、痛呼着要屠雎把他的军团还给他？世人不得而知。但可以肯定的是，这位始皇帝并不打算就此放弃对百越的征服，他一方面强征逋亡人、赘婿、贾人等充作戍边士卒，派往岭南前线，另一方面则征发大量的刑徒，开凿运河灵渠及名为“新道”的干线，以便强化后勤保障。

这些举措的收效如何，史料中并没有明确记载。后世多强调秦人在岭南成功设置了桂林、象郡、南海三郡，但这不能证明秦军荡平了越人的抵抗。从这个角度来看，《史记》中所谓“（秦军）略取陆梁地”的记载，并非说越人骁勇，乃是“陆地强梁”，而是指那些植被稀疏的平原地带、广袤的山区和丛林依旧掌握在越人手中，而这也导致在秦末乱世中，驻守岭南的秦军迟迟无法支援中原战场。

兵贵有道："秦驰道"系统在秦末乱世和楚汉之争中的作用

由于秦二世胡亥的昏庸进而引发大秦官僚系统的全面钝化，秦军未能利用"秦驰道"系统在第一时间将叛乱的火苗扼杀在萌芽中。随着章邯等秦军中下级军官的强势崛起，秦军还是在帝国倾倒之际，竭力展现出其最后的一丝峥嵘。

凭借掌握在秦帝国手中的"东方道"，章邯以骊山刑徒及奴产子为主力组成的秦军可以在戏水击败陈胜、吴广"张楚政权"的周文所部，迅速向东连续击败揭竿而起的关东义军，随后又沿着"滨海道"南下，迎战以江东子弟为核心的项梁所部楚军。

在定陶之战中，章邯成功袭杀了项梁。但在连番交战之下，章邯也深知自己麾下的这支秦军无力与以昔日六国贵族纠集的关东豪强武装正面抗衡，随即通过"临晋道"转向河北，与沿着"上郡道"南下的大秦帝国北地边军王离所部会合。两支秦军成功夺取了昔日的赵国首都邯郸，但赵国贵族却逃往巨鹿继续死守。

或许是巨鹿不在"临晋线"主干道附近的缘故，秦军随即一分为二。相对精锐且士气旺盛的王离所部进围巨鹿，而已经因连续作战而疲乏不堪的章邯所部则留在后方，于"秦驰道"干线至巨鹿前线之间修筑两边筑有土墙等防御工事的甬道，以保障后方的粮食运输。

可惜，随着项羽带着3万楚军以破釜沉舟的气势冲来，章邯的甬道系统顷刻土崩瓦解。紧接着，各路作壁上观的六国诸侯纷纷加入围攻王离所部的阵列，秦国最后一支成建制的野战部队就此覆灭于巨鹿城下。就在项羽于巨鹿一线鏖战的同时，刘邦所部借助“武关道”迅速攻向咸阳，成功迫降了秦三世子婴，实现了自身“先入关中者为王”的宏愿。

“鸿门宴”上，刘邦由于实力不济被迫放弃关中，接受了项羽将其转封巴蜀的安排，更上演了一场“火烧栈道”的活剧。而事实证明，在占据咸阳的日子里，刘邦早已为自己想好了后招。在韩信“明修栈道、暗度陈仓”的操作下，刘邦成功击败了以章邯、司马欣、董翳为首的雍王、塞王、翟王“三秦”，随后依托关中的物资优势，沿着“秦驰道”多路出击，成功击败项羽等其他竞争者。

值得一提的是，在楚、汉相争最关键的成皋拉锯战中，刘邦所部同样在敖仓和前线之间筑起了甬道，向前线源源不断地运送补给。这一点既是汉军在招募大批关中秦人后对秦军战术的继承，也说明庞大的“秦驰道”网络其实就是由一场场战役中修筑的野战公路连接而成。

“秦驰道”在汉代依旧保存完好，不仅得到了提升和维护，更进一步开辟了多条新的国家级交通网络。无数汉代历史人物或许是沿着秦人修建、汉代进一步修缮的“驰道”扬鞭远去的。

有趣的是，就在东方的秦汉两代帝国致力打造“驰道”系统的同时，欧洲的罗马帝国，逐步建成了以其首都为中心的“罗马大道”。与东方“驰道”致力于快速、高效的马车行进不同，罗马人似乎更注重道路的稳固性：罗马大道由弧形的石头组成，数千年后依然保存完好。可以说，“驰道”和“罗马大道”都见证了大一统王朝治理辽阔疆域的努力。

（文/赵恺）

图书在版编目（CIP）数据

诸侯争霸：统一大帝国的前奏 /《国家人文历史》编著. —北京：大有书局，2022.4
（历史的智慧）
ISBN 978-7-80772-069-0

Ⅰ. ①诸… Ⅱ. ①国… Ⅲ. ①中国历史 – 春秋战国时代 – 通俗读物 Ⅳ. ①K225.09

中国版本图书馆CIP数据核字(2022)第035299号

书　　名	诸侯争霸：统一大帝国的前奏 ZHUHOU ZHENGBA: TONGYI DA DIGUO DE QIANZOU
作　　者	《国家人文历史》编著
策划编辑	李瑞琪
责任编辑	张媛媛
责任校对	李盛博
责任印制	袁浩宇
出版发行	大有书局 （北京市海淀区长春桥路6号　100089）
综 合 办	（010）68929273
发 行 部	（010）68922366
经　　销	新华书店
印　　刷	中煤（北京）印务有限公司
版　　次	2022年4月北京第1版
印　　次	2022年4月北京第1次印刷
开　　本	160毫米 × 230毫米　　1/16
印　　张	17.25
字　　数	181千字
定　　价	56.00元